EL

PACTO
MATRIMONIAL

EL א PACTO MATRIMONIAL

El Secreto Biblico para un Amor que Perdura

DEREK PRINCE

WHITAKER
HOUSE

Todas las citas bíblicas son tomados de la versión *Santa Biblia, Reina-Valera 1960* © 1960 Sociedades Bíblicas en América Latina; © renovado 1988 Sociedades Bíblicas Unidas. Usado con permiso.

Traducción al español: Jorge A. de Araujo (2001) y Jorge Jenkins (2008)

EL PACTO MATRIMONIAL:
El Secreto Bíblico para un Amor que Perdura

Publicado originalmente en inglés bajo el título:
*The Marriage Covenant:
The Biblical Secret for a Love That Lasts*

Derek Prince Ministries
P.O. Box 19501
Charlotte, North Carolina 28219–9501 USA
www.derekprince.org

ISBN-13: 978-1-60374-048-7
ISBN-10: 1-60374-048-1
Impreso en los Estados Unidos de América
© 2001, 2008 por Derek Prince Ministries, International

Whitaker House
1030 Hunt Valley Circle
New Kensington, PA 15068
www.whitakerhouse.com

1 2 3 4 5 6 7 8 9 10 ᴜᴊ 14 13 12 11 10 09 08

Índice

Prólogo

POR RUTH PRINCE

Poco después de que yo llegué a conocer al Señor Jesús como mi Salvador y Mesías en 1970, entré en contacto con verdaderos cristianos cuyos matrimonios eran un testimonio constante de Su señorío en sus vidas. Aproximadamente en ese mismo tiempo, yo escuché de la enseñanza y ministerio de Derek Prince, Charles Simpson, y otros. Como una mujer soltera, mi oración a Dios era, "Ponme bajo autoridad, en el lugar que tienes para mí, y que yo pueda servirte de la mejor forma, y pueda ayudar a preparar la venida de Tu Reino".

Mis oraciones fueron contestadas varios años después, en un modo que yo no me había anticipado, cuando Dios me escogió para ser la esposa de Derek, su nueva *"ayuda idónea"* (Génesis 2:18). La primera esposa de Derek, Lydia, fue una mujer extraordinaria que entregó su vida y su propio ministerio exitoso en Jerusalén por su marido. Cuando Derek se casó con ella en 1946, ella era allí una líder espiritual respetada, con un trabajo establecido por sí misma.[1] Sin embargo, ella aceptó de buena gana el papel detrás-del-escenario de intercesora, ama de casa, apoyo—de una verdadera esposa.

Cuando inicié un contacto personal más cercano con Derek, quedé impresionada por la manera en que él hace realidad su enseñanza a través de su conducta personal; "él practica lo que él predica". He visto que mucha de su habilidad presente para atender las necesidades del pueblo de Dios tiene sus raíces en la relación que él y Lydia tenían entre sí durante casi treinta años, y en su relación, como una unidad, con el Señor.

La mayoría del material contenido en *El Pacto Matrimonial* fue desarrollado y enseñado antes de que yo entrara en la vida de Derek. Aunque, en el mismo período de tiempo, mientras yo estaba viviendo en Jerusalén completamente fuera de contacto

---

[1] La propia historia dramática de Lydia es contada por Derek en su libro, *Cita en Jerusalén*, justo publicado antes de su muerte en 1975.

con su ministerio y enseñanza, el Espíritu Santo estaba hablándome las mismas líneas sobre el significado real del pacto. Mi estudio me llevó a Génesis capítulo 15. Lo identifiqué con la experiencia de Abraham, cuando él entró en una relación profunda, personal, transformadora con Dios—una relación tan profunda que nosotros todavía conocemos a nuestro Dios como "el Dios de Abraham". Era una vida de compromiso total.

Durante el mismo periodo, yo estaba reflexionando también en el papel de las mujeres en el cuerpo de nuestro Señor. Ví que Dios había creado a Eva para el solo propósito de llenar la necesidad de Adán, ese hombre no estaba completo sin su compañera dada por Dios. A mi parecer en la Sociedad Occidental contemporánea y en muchas iglesias, demasiadas mujeres están pretendiendo (a menudo escandalosamente) hacer algo para lo que ellas nunca fueron creadas—para tener éxito en la vida como entidades independientes, solitarias. Durante varios años, yo busqué cumplimiento de esa manera como una mujer profesional. Pero cuando entré en una relación con Jesús, mi vida fue redirigida. Me di cuenta que somos las mujeres las que resultamos perdedoras—junto con los hombres que no pueden lograr la totalidad que Dios ha querido para ellos en unión con sus parejas.

Comprendo que no es posible para cada hombre y cada mujer encontrar a ese compañero ideal, y que es ciertamente mejor estar solo con el Señor que estar unido desigualmente con un incrédulo. Para muchos, no hay otra opción que permanecer solos. La calidad de la vida de soltero, de la que yo conozco bien, puede ser determinada por la calidad de la relación con Dios y la relación con otros cristianos. El compromiso parece ser la llave—el compromiso con Dios, con Su voluntad para su vida, y el compromiso con esa parte del cuerpo de Cristo con la que usted está conectado.

Parece apropiado que este libro esté publicándose justo cuando Derek y yo estamos uniendo nuestras vidas en el pacto del matrimonio. Al mismo tiempo, yo estoy uniéndome a la parte del cuerpo con la que él está asociado en los Estados Unidos, y él con la parte del cuerpo a la que yo pertenezco en Jerusalén. Nosotros creemos que estamos conforme al plan preordenado de

Dios, cuando cada uno de nosotros pone su vida para el otro, y nosotros podemos unirnos en un nuevo ser bajo el Señorío de Jesús. Nosotros sabemos que, como con todo en la vida espiritual, esto debe caminarse en una base diaria. Yo creo que este libro no sólo contiene el modelo, sino la instrucción práctica de cómo hacer esto.

Oro para que al aplicar los principios de este libro lo lleven, sea usted hombre o mujer, a la totalidad que Dios desea para usted, que es una relación de pacto con Él y con Su pueblo.

—*Ruth Prince*

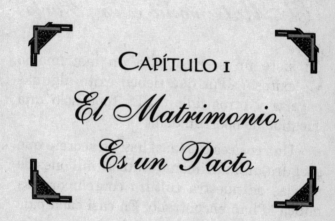

Capítulo 1

El Matrimonio Es un Pacto

CAPÍTULO 1

El Matrimonio es un Pacto

Existe un secreto para un matrimonio exitoso? ¿Por qué tienen éxito algunas parejas y otros fallan? ¿Es todo solo una cuestión de oportunidad?

Una cosa es cierta: si hay un secreto que asegura un matrimonio exitoso, millones de parejas en nuestra cultura contemporánea nunca lo han encontrado. En casi cada país en la civilización Occidental, la proporción de divorcios con relación a matrimonios ha subido dramáticamente en las últimas décadas. En los Estados Unidos, nosotros hemos alcanzado una situación donde hay aproximadamente un divorcio por cada dos matrimonios. Hace cincuenta años, una persona familiar a la vida americana nunca habría soñado que semejante situación pudiera levantarse en un período tan corto.

Sin embargo, la proporción de divorcios con relación a matrimonios no cuenta la historia completa. Hay muchos matrimonios que no han acabado todavía en el naufragio final del divorcio, no obstante ellos se encuentran en serios problemas y circunstancias de infelicidad. En algunos casos, hay una desarmonía y disputa abierta, normalmente involucrando a todos aquellos que viven bajo el mismo techo, padres y niños. En otros casos, aunque las cosas parecen bastante tranquilas en la superficie, en el interior existen heridas infectándose con amargura, falta de perdón, y rebelión. Más temprano o más tarde, éstas son responsables de hacer erupción en la forma de alguna crisis mental o emocional, cuya causa nunca puede diagnosticarse precisamente.

Aquellos que están específicamente relacionados con la salud mental han sugerido que actualmente, aproximadamente, una de cada cuatro personas en América necesita, o necesitará, alguna forma de cuidado psiquiátrico. Las salas de psiquiatría están aumentando en muchos hospitales, y los psiquiatras profesionales experimentan una creciente demanda. Esto tiene una presión directa en la condición del matrimonio y la casa, porque generalmente coincide que la mayoría de los problemas mentales y emocionales tienen su raíz en la tensión y desarmonía en el hogar, principalmente en las relaciones matrimoniales. Así, el deterioro progresivo de la salud mental y emocional es uno de muchos síntomas en la sociedad contemporánea, todo lo que apunta al problema social más urgente de nuestros días—la ruptura del matrimonio y el hogar.

Existe un secreto para asegurar un matrimonio exitoso.

La reacción de ciertos sociólogos contemporáneos ante esta situación ha tomado la forma de pasivamente aceptar lo inevitable. Algunos incluso han ido tan lejos hasta afirmar que el concepto del matrimonio fue un "error" en primer lugar, y que ya no es más pertinente en nuestro actual "avanzado" estado de progreso social.

Sin embargo, muchos de los llamados expertos que hacen tales declaraciones son el producto de hogares infelices; no pocos también tienen el registro de por lo menos un matrimonio fracasado en sus propias vidas. Tenemos por consiguiente terreno para inquirir si sus declaraciones sobre el hecho de que el matrimonio es irrelevante y pasado de moda, meramente no los pone en el nivel del zorro en la fábula de Esopo. Él había intentado alcanzar un racimo de uvas deliciosas desesperadamente, pero falló. Su comentario final fue, "¡De cualquier modo probablemente estén agrias!"

Ante esta confusa situación y estos conflictos de opiniones, quiero declarar, clara y brevemente, mi propia convicción personal. Creo que hay un secreto que puede asegurar un matrimonio exitoso. Además, yo creo que este secreto se revela en las páginas de un libro único—la Biblia.

Antes de que yo proceda a explicar lo que este secreto es, será apropiado para mí darles un poco de mi propio trasfondo personal. Esto podría ser interpretado como presentar mis credenciales y calificaciones para tratar este asunto.

Antecedentes Personales

Fui educado en dos de las instituciones más famosas de Gran Bretaña—la Universidad de Eton y la Universidad de Cambridge. Antes de la II Guerra Mundial había seguido una carrera en filosofía, y en 1940 fui elegido para un Compañerismo (es decir, un profesorado residente) en este campo en King's College, Cambridge. Sin embargo, el impacto de la Segunda Guerra Mundial interrumpió mi carrera académica.

En 1941, mientras servía como asistente en el hospital en el Ejército británico, tuve un encuentro dramático, transformador con Dios—algo que estaba totalmente fuera de línea con mis anteriores teorías y preconcepciones filosóficas. Como resultado de este encuentro, formé dos conclusiones que nunca he tenido razón para cambiar: primero, que Jesucristo está vivo; segundo, que la Biblia es un libro verdadero, importante y actual. Estas dos conclusiones alteraron el curso completo de mi vida en forma radical y permanente.

Estando en Jerusalén en 1946, me casé con una señorita danesa, Lydia Christensen que era la "madre" de una casa pequeña para niñas que ella había fundado allí. A través de mi matrimonio con Lydia, me convertí en tan solo un día, en el padre adoptivo de ocho muchachas de las cuales seis eran judías, una era árabe, y la otra inglesa. También en ese tiempo, estudié durante dos años en la Universidad Hebrea, en Jerusalén. Lidia, yo y nuestras ocho chicas continuamos viviendo en Jerusalén a lo largo de los levantamientos que marcaron el nacimiento del Estado de Israel. Nosotros enfrentamos cara a cara, como

Ustedes dos trabajan como si fueran una sola persona.

una familia, las realidades austeras de sitio, hambre, y guerra. Más tarde nos mudamos, todavía como una familia, a Gran Bretaña.

En los años que siguieron, serví en varias capacidades en varios lugares: como pastor en Bretaña; como educador en Kenya; como maestro de la Biblia y conferencista en Europa, Canadá, los Estados Unidos, Nueva

Zelanda, Australia y otros países. A lo largo de todos mis viajes, Lydia estuvo siempre a mi lado. A veces, después de que habíamos estado ministrando juntos en público, las personas harían el comentario, "Ustedes dos trabajan juntos como si fueran una sola persona".

En Kenya, Lydia y yo adoptamos nuestra novena niña—una bebita africana. Juntos finalizamos exitosamente la crianza de nuestras nueve chicas. Todas menos la más joven se han casado y se nos han presentado con muchos nietos.

Después de treinta años, mi matrimonio con Lydia terminó con su muerte. Nuestra vida juntos había sido siempre un libro abierto—no sólo para nuestras hijas, sino también para las innumerables personas que a través de los años, venían a nuestra casa en busca de consejo y oración. De todos aquellos que nos conocieron de esta manera, cuestiono que haya alguien que no estaría de acuerdo en que nuestro matrimonio fue feliz y exitoso. Ciertamente tenía su porción justa de tensiones y problemas—más de lo que normalmente sería experimentado por una pareja que emplea su vida entera en el establecimiento de la familia. Pero el éxito de un matrimonio no depende de la ausencia de tensiones y problemas; depende de una calidad especial de relación que necesita ser desarrollada entre el esposo y la esposa.

En las páginas que siguen, es mi intención compartir con usted el secreto de cómo construir una relación de este tipo. Confío que el relato breve de mi vida en este punto, será suficiente para demostrar que mis convicciones no son precisamente un juego de teorías abstractas que nunca han sido probadas en la vida real.

Quizás deba agregar que en el momento de escribir este libro estoy a punto de volver a casarme. Coincidentemente, conocí a mi segunda esposa, Ruth, como a la primera, en Jerusalén. Entro a este segundo matrimonio con una confianza quieta de que Dios también coronará este matrimonio con Su bendición, mientras Ruth y yo nos mantengamos en las condiciones que Él ha revelado en la Escritura.

El Matrimonio es un Misterio

En Efesios 5:22–32, Pablo explica la visión cristiana del matrimonio. Él concluye diciendo, *"Grande es este misterio"*. De este modo, él reconoce que el matrimonio es un misterio. En el tiempo de Pablo, la palabra *misterio* tenía un significado más específico que el que tiene hoy. Entonces, tenía asociaciones religiosas. Denotó una forma de conocimiento que confirió valiosos beneficios pero se restringió a un grupo especial que estaban juntos y ligados por sus prácticas religiosas. Para que una persona pueda tener acceso a este conocimiento, tiene primero que iniciarse en el grupo.

En este caso, el uso de Pablo de la palabra *misterio* para describir la relación matrimonial sugiere dos cosas: primero, que hay una forma poco-conocida de conocimiento que puede hacer el matrimonio lo que debe ser; segundo, que una persona sólo puede adquirir este conocimiento sufriendo ciertas pruebas y llenando ciertas condiciones. Es el propósito principal de este libro iniciar al lector en estas pruebas y condiciones.

En el libro de Deuteronomio, cuando los hijos de Israel estaban listos para entrar en su herencia prometida en la tierra de Canaán, Moisés repasó para ellos el tipo de estilo de vida que Dios había planeado para ellos en su nuevo ambiente. Él les prometió,

en el nombre de Dios, que si ellos guarda-
ban la ley de Dios, serían bendecidos abun-
dantemente en cada área de sus vidas. En
particular, Moisés les dijo que sus casas serían como *"los cielos en...la tierra"* (Deuteronomio 11:21). Él pintó un bonito cuadro de
contentamiento y armonía irrompibles. Tal
era el nivel de vida hogareña que Dios había
planeado para Su pueblo.

Aproximadamente mil doscientos años
después, a través del profeta Malaquías,
Dios hizo el recuento de la conducta de Israel desde que ellos habían entrado en la
tierra prometida. En general, no se llenaron
las condiciones de Dios, y por consiguiente
no habían disfrutado el nivel de vida que Él
había planeado para ellos. En Su valoración,
Dios identificó varias áreas específicas de
fracaso. Una fue la vida en los hogares israelitas, y específicamente en sus matrimonios.
He aquí lo que el Señor dice concerniente a
esto:

> *Y esta otra vez haréis cubrir el altar
> de Jehová de lágrimas, de llanto, y de
> clamor; así que no miraré más a la
> ofrenda, para aceptarla con gusto de*

vuestra mano. Mas diréis: ¿Por qué? Porque Jehová ha atestiguado entre ti y la mujer de tu juventud, contra la cual has sido desleal, siendo ella tu compañera, y la mujer de tu pacto.

(Malaquías 2:13–14)

Obviamente, el fracaso de Israel en este respecto no era debido a la falta de religión. Ellos estaban *"cubriendo el altar de Jehová de lágrimas"*. Aún así, con todas sus oraciones, sus matrimonios estaban fracasados. Nosotros realmente nos confrontamos a menudo con una situación similar hoy en día. Las personas pueden estar muy ocupadas con actividades religiosas y con

> *Cuando* el matrimonio pierde su santidad, también pierde su fuerza y su estabilidad.

todo, pueden ser incapaces de tener éxito en sus matrimonios. Su religión no les permite que tengan éxito en casa. De hecho, la preocupación excesiva con la religión fuera de la casa, por una o ambas partes, a veces es un factor importante en el fracaso de un matrimonio.

La esencia del fracaso de Israel está contenida en la frase final de Malaquías 2:14: *"siendo ella...la mujer de tu pacto"*. Israel había venido a ver el matrimonio como una relación para la que ellos podrían poner sus propias normas; siendo una que ellos eran libres comenzar o terminar en sus propios términos. Dios les recuerda, sin embargo, que Él ve el matrimonio en forma muy diferente. Según Su propósito inmutable, el matrimonio es un pacto, y éste es el secreto que exclusivamente asegura el éxito de las relaciones matrimoniales. Una vez que este secreto se olvida o ignora, el matrimonio inevitablemente pierde su santidad. Con la pérdida de la santidad del matrimonio, se pierde también su fuerza y estabilidad. Mucho de lo que nosotros vemos en nuestra civilización contemporánea es estrechamente paralelo a la condición de Israel en los días de Malaquías y la raíz es la misma—un enfoque incorrecto del matrimonio.

Las Normas de Jesús para el Matrimonio

Después de Malaquías, la siguiente y más completa revelación del matrimonio viene a nosotros a través de Jesús. La esencia de Su enseñanza sobre el matrimonio está contenida en una conversación que Él sostuvo con algunos fariseos:

Entonces vinieron a él los fariseos, tentándole y diciéndole: ¿Es lícito al hombre repudiar a su mujer por cualquier causa? El, respondiendo, les dijo: ¿No habéis leído que el que los hizo al principio, varón y hembra los hizo, y dijo: Por esto el hombre dejará padre y madre, y se unirá a su mujer, y los dos serán una sola carne? Así que no son ya más dos, sino una sola carne; por tanto, lo que Dios juntó, no lo separe el hombre. Le dijeron: ¿Por qué, pues, mandó Moisés dar carta de divorcio, y repudiarla? El les dijo: Por la dureza de vuestro corazón Moisés os permitió repudiar a vuestras mujeres; mas al principio no fue así. Y yo os digo que

cualquiera que repudia a su mujer,
salvo por causa de fornicación, y se
casa con otra, adultera; y el que se
casa con la repudiada, adultera.

(Mateo 19:3–9)

En la película llamada "El Violinista en el tejado", el sacerdote judío del pueblo es presentado de vez en cuando, enseñando a sus jóvenes estudiantes acerca de la Ley Judía y de las cosas espirituales. En un momento durante la película, él dice que, entre otras cosas, si una esposa quema el pastel que está cocinando, esto es un motivo para

Jesús siempre regresó
a las intenciones
originales de Dios para
el matrimonio.

el divorcio. Existen muchas leyes judías que tratan en forma específica acerca de cómo y cuando el divorcio es aceptable.

Cuando Jesús enseñó acerca del divorcio, sin embargo, El nunca aceptó los niveles actuales del Judaísmo. El siempre regresó a las intenciones originales de Dios para el matrimonio. Aquí, sus comentarios fueron introducidos por la frase *"en el principio"*. En el lenguaje hebreo, el libro de Génesis es llamado "En el Principio". Por lo tanto, cuando Jesús dijo esas palabras, Él estaba dirigiendo a sus interrogadores hacia el registro de la creación en Génesis, que es la base de sus enseñanzas acerca del matrimonio, y que es el primer recuento que tenemos de la unión entre el hombre y la mujer. Él nunca acepó los parámetros que prevalecían en el Judaísmo de aquellos días; Él siempre regresó al plan original de Su Padre, el cual fue descubierto en el Jardín del Edén.

Nosotros podemos resumir la enseñanza de Jesús en este pasaje en cuatro declaraciones sucesivas:

1. La forma de matrimonio que se había aceptado en Israel bajo el Judaísmo estaba por debajo del nivel de la voluntad de Dios.

2. El propósito real de Dios para el matrimonio fue expresado cuando originalmente Él creó al hombre y a la mujer.

3. En la unión inicial del hombre y la mujer, ellos estaban tan perfectamente unidos que ellos perdieron sus identidades separadas y se volvieron *"una sola carne"*.

4. Es el propósito de Jesús restaurar el matrimonio en las vidas de Sus discípulos a la norma original revelada en la creación.

Al considerar el relato de la creación y la unión de Adán y Eva en los capítulos 1 y 2 de Génesis, se enfatiza un hecho a través de todo esto: Dios mismo estaba directa y personalmente involucrado. Era Su decisión, no la de Adán, que este último debía tener una compañera; fue Él quién formó a Eva

La relación de pacto establecida en la creación tenía dos dimensiones— horizontal y vertical.

de Adán; fue Él quién la presentó a Adán; y fue Él quién estableció los términos de la relación del pacto en la que Él los unió.

Por consiguiente, es correcto decir que, a través de todo el Antiguo Testamento, el matrimonio fue visto como una relación de pacto. Sin embargo, el concepto que se desarrolló bajo el Judaísmo estaba en un nivel más bajo que el que había sido expresado en la creación. Bajo el Judaísmo, la relación de pacto fue vista siendo meramente horizontal—entre un hombre y una mujer. Pero la relación de pacto establecida en la creación tenía dos dimensiones: horizontal y vertical. Horizontalmente, relacionaba a Adán y a Eva, el uno con el otro; pero verticalmente, los relacionaba a ellos dos con Dios.

"Un Cordón de Tres Trenzas"

Un pasaje en Eclesiastés expresa en términos alegóricos la diferencia entre estos dos niveles de matrimonio:

Mejores son dos que uno; porque tienen mejor paga de su trabajo. Porque si cayeren, el uno levantaré a su compañero; pero ¡ay del solo! que cuando cayere, no habrá segundo que lo levante. También si dos durmieren juntos, se calentarán mutuamente; mas ¿cómo se calentará uno solo? Y si alguno prevaleciere contra uno, dos le resistirán; y cordón de tres dobleces no se rompe pronto.

(Eclesiastés 4:9–12)

El principio por el que Salomón comienza, *"Mejores son dos que uno"*, concuerda con la razón que Dios dio originalmente para proveerle un compañero a Adán, *"No es bueno que el hombre esté solo"* (Génesis 2:18). Salomón prosigue para dar tres ejemplos que claramente ilustran este principio: cuando dos están juntos y uno cae, el otro puede ayudarlo a levantarse; si dos duermen juntos, se mantienen el uno al otro calientes; si dos son atacados, juntos ellos pueden resistir el ataque. Pero el último ejemplo que Salomón da es diferente: *"y cordón de tres dobleces no se rompe pronto"*. En este caso, la fuerza no es proporcionada meramente a través de dos juntos, sino a través de tres juntos.

Podemos utilizar los ejemplos de Salomón para ilustrar la diferencia que hemos observado entre el concepto de matrimonio bajo el Judaísmo y el concepto de matrimonio que fue iniciado por el propio Dios en la creación. Los primeros tres ejemplos de

Salomón de "dos juntos" ilustran el concepto de matrimonio en el plano humano, una relación horizontal, meramente entre un hombre y una mujer. Pero la cuarta ilustración de Salomón—*"el cordón de tres dobleces"* muestra el matrimonio como fue concebido en la creación, un ligamiento de tres personas juntas: un hombre, una mujer, y Dios. La relación entre el hombre y la mujer todavía permanece en el plano humano; pero cuando Dios se agrega a la relación, introduce una nueva dimensión. Él se convierte en una parte integral del matrimonio.

Uno de los rasgos más transformadores de la enseñanza de Jesús era Su norma del matrimonio. Él se negó a conformarse con algo menos del propósito original de Dios. Por esta razón, la ilustración de Salomón de *"un cordón de tres dobleces"* no sólo ilustra el modelo del matrimonio establecido en la creación, también retrata con precisión el modelo del matrimonio para los creyentes actuales que están unidos a través de su fe en Cristo. Las tres cuerdas son el hombre, la mujer, y Dios. El principio que los liga inseparablemente juntos es *el pacto*. Lo que Salomón dice acerca de un cordón formado así todavía es verdad hoy en día; él *"no se rompe pronto"*.

El principio que une a los creyentes inseparablemente por medio del matrimonio, es *el pacto*.

Hace un tiempo atrás, yo estaba hablando en Nueva Zelanda sobre este cuadro del matrimonio cristiano como "un cordón de tres dobleces". Al final de mi charla, un hombre vino y se me presentó. "Yo soy un fabricante profesional de sogas," dijo. "Mi negocio es hacer sogas," Quiero decirle que lo que usted ha dicho es completamente verdad en la práctica. La soga más fuerte es una soga de tres trenzas".

Entonces él continuó para darme la explicación siguiente: El mayor número de cabos que pueden tocarse uno a otro es tres. Si usted se lleva uno y deja sólo dos, obviamente usted debilita la soga. Pero si usted agrega una cuerda extra y hace cuatro, usted no agrega fuerza a la soga porque todos los cabos ya no se tocan entre si. Si usted tiene una soga de tres cabos, uno—o incluso dos—de los cabos puede estar bajo presión y puede empezar a desgastarse. Pero mientras los terceros cabos sostengan, la soga no se romperá.

La explicación de este fabricante de sogas hizo la ilustración del matrimonio cristiano como un cordón de tres dobleces tan vívido para mí, que yo permanecí meditando en él durante días. En mi imaginación yo podía ver la soga bajo tal tremenda tensión que dos de sus cuerdas empezaron a desgastarse. Pero la tercera cuerda permanecía fuerte, y sostuvo hasta que la tensión se alivió y las dos cuerdas desgastadas pudieron atarse.

¡Así es exactamente cómo es, yo me dije, en un verdadero matrimonio cristiano! Vienen momentos de tensión cuando el esposo y la esposa pueden empezar a debilitarse y sentirse incapaces de sostenerse. Pero el propio Dios es esa tercera cuerda, y Él sostiene hasta que la tensión se alivia, y el esposo y la esposa pueden sanarse y restaurarse.

En nuestra comparación del matrimonio cristiano con *"un cordón de tres dobleces"*, hemos dicho que el principio que entrelaza las cuerdas y las une es el pacto. Claramente, esto hace del pacto un elemento esencial de un matrimonio exitoso. Y todavía, aunque el pacto es uno de los temas centrales de la revelación bíblica, es muy poco entendido por la mayoría de los cristianos hoy en día.

Por consiguiente, nosotros continuaremos ahora en el capítulo 2 para examinar la naturaleza del pacto como se revela en la Escritura. Luego en el capítulo 3, explicaremos en términos prácticos sencillamente como el pacto trabaja para unir a un hombre y a una mujer en matrimonio y mantenerlos unidos.

En los capítulos 5 y 6, respectivamente, examinaremos cómo el pacto también sirve como la fuerza de ligamento esencial en dos otras relaciones sumamente importantes: entre Dios y el cristiano individual, y entre compañeros cristianos en su relación unos con otros.

Finalmente, en el capítulo 7, "El Punto de Decisión," ofreceremos dirección práctica a aquellos que sienten la necesidad de situar su relación personal en línea con los principios explicados en este libro.

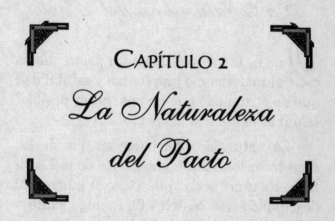

CAPÍTULO 2

La Naturaleza del Pacto

Capítulo 2

La Naturaleza del Pacto

Qué es lo que radica en un pacto que da al matrimonio una fuerza y estabilidad que de otro modo que no podría ser posible? ¿Cuál es la esencia del pacto?

La naturaleza del pacto es uno de los secretos celosamente guardados de la Escritura. Es una "perla" qué Dios no lanzará al descuidado (vea Mateo 7:6). Es algo santo a lo que Dios no quitará el velo ante el impuro. En el Salmo 25:14, David dice, *"La comunión íntima de Jehová es con los que le temen, y a ellos hará conocer su pacto"*. El secreto del pacto debe alcanzarse en el temor reverente de Dios. Es apartado de aquellos que se acercan con cualquier otra actitud.

Además, una comprensión del pacto requiere estudio cuidadoso, completo, de las Escrituras. Toma tiempo y concentración.

En Proverbios 2:4, Salomón declara que aquellos que desean discernimiento y entendimiento deben seguir esto: *"Si como a la plata la buscares, y la escudriñares como a tesoros"*. Esto implica esfuerzo activo. Así como la tierra no rinde sus tesoros al observador superficial, así mismo la Escritura sólo rinde la verdadera comprensión de pacto a aquellos que desean ir por debajo de la superficie y consagrar tiempo y estudio a su búsqueda.

Digo esto de modo de introducción al estudio del pacto que nosotros emprenderemos ahora en este capítulo. Al principio, puede parecer algo duro y laborioso. Pero si nosotros lo seguimos con paciencia y diligencia, rendirá finalmente los tesoros de valor infinito. Éstos serán el tema de los capítulos siguientes.

La Definición del Pacto

Hay dos palabras básicas en la Escritura para pacto. La palabra griega usada en el Nuevo Testamento es *diatheke*. La palabra hebrea, usada en el Antiguo Testamento, es *b'rit* (o *b'rith*). Esta palabra hebrea aparece en el nombre de la organización judía muy conocida, *B'nai B'rith*, que quiere decir, literalmente, "Hijos del Pacto". Cada una de estas palabras—*diatheke* en griego y *b'rit* en hebreo—son traducidas regularmente a través de dos palabras en español diferentes: *pacto* y *testamento*. La palabra hispana usada en cada caso varía según el contexto.

> *El* concepto de pacto es el punto central de toda la revelación divina.

En español, nosotros no pensamos normalmente en *pacto* y *testamento* como lo mismo. Nosotros limitamos la palabra *testamento* a un documento legal que, como dice la Escritura, sólo adquiere valor después de la muerte del que hizo el testamento (vea Hebreos 9:16–17). Por otro lado, nosotros normalmente no pensamos en un pacto como algo necesariamente asociado con la muerte de los participantes del convenio. Sin embargo, en los conceptos de la Escritura, esta distinción entre *testamento* y *pacto* no es válida. En la Escritura un pacto es un testamento, y un testamento es un pacto.

Todos nosotros somos conscientes, por supuesto, de que la Biblia ha llegado a nosotros en la forma de dos "testamentos"—el Antiguo Testamento y el Nuevo Testamento. Sin embargo, nuestra comprensión aumenta si nosotros sustituimos la palabra *pacto* por la palabra *testamento* en cada caso, y hablamos del Antiguo Pacto y el Nuevo Pacto. Es un hecho de tremenda importancia que la revelación escrita completa de Dios para el hombre está contenida en la forma de dos pactos. Así, el concepto del pacto es central para el total de la revelación divina. Si nosotros no entendemos la naturaleza del pacto, ¿qué tanto podremos nosotros comprender el significado real del mensaje de Dios para nosotros?

¿Cuál, entonces, es el significado de la palabra pacto? No es fácil dar una definición precisa y simple. Se sugiere que el significado de la raíz de la palabra hebrea *b'rit* hebreo sea "comprometer", pero eso no es cierto. Es cierto, sin embargo, que un pacto es un compromiso. El significado de la raíz de la palabra griega *diatheke* es "poner algo en orden". Esto sugiere, por consiguiente, el establecimiento de términos y condiciones específicas. Tiene más de una asociación legal que su colega hebreo *b´rit*.

> *Esencialmente,* un pacto expresa una relación que el propio Dios comienza soberanamente por Su propia elección y decisión.

En la Escritura, nosotros encontramos dos tipos diferentes de pactos. Uno se encuentra en el plano horizontal, un convenio entre dos seres humanos. Esto se aproxima más cercanamente al concepto de un contrato. Por ejemplo, en 1 Reyes 5:12, leemos sobre Salomón haciendo un pacto con Hiram, el rey de Tiro. (Aquí se utiliza la palabra *b'rit*) Por este convenio, Salomón e Hiram se comprometieron a una amistad mutua, y establecieron las condiciones en las que Hiram proporcionaría a Salomón material y cómo laboraría en la construcción del templo.

Aunque esta forma de convenio sólo estaba en el nivel humano—entre dos reyes—es interesante notar que después, cuando Dios declaró a través del profeta Amos que Él traería juicio en el reino de Tiro, una razón que Él dio era que *"y no se acordaron del pacto de hermanos"*—ese es, el pacto hecho entre Salomón y Hiram (vea Amos 1:9). Así que nosotros vemos que, incluso en el nivel humano, Dios considera la ruptura de un pacto un asunto muy serio y que traerá juicio a la parte culpable.

El Pacto:
La Base de la Relación

Sin embargo, más allá de eso, el uso principal del pacto en la Escritura no es como un contrato entre dos seres humanos en el plano horizontal, sino como una relación soberanamente comenzada por el propio Dios, con el hombre, en el que las dos partes no están en el mismo nivel. Esencialmente, un pacto expresa una relación que el propio Dios comienza soberanamente por Su propia elección y decisión. Él define los términos en los que Él se prepara para entrar en esa relación con el hombre. Nosotros necesitamos dar énfasis a que la iniciativa es totalmente de Dios y los términos están exclusivamente fijados por Dios. La parte del hombre simplemente consiste en responder a la oferta de Dios de un pacto y aceptar la relación que ese convenio tiene con él. El hombre no pone los términos ni inicia la relación. Usted tiene que ser un poco presbiteriano o calvinista para entender este aspecto del pacto. Históricamente, es la rama calvinista del Protestantismo la que siempre ha puesto énfasis especial en el pacto. Haciendo esto, ellos han conservado un hilo de verdad que es muy importante. Me atrevería a decir que nosotros no podemos entender totalmente nuestra relación con Dios a menos que entendamos el concepto bíblico de pacto.

En el último análisis, cada relación permanente de Dios con el hombre está basada en un pacto. Dios nunca entra en una relación permanente fuera de un pacto. En el Salmo 50:1–5, el salmista da una vista previa profética del Señor que entra con poder y gloria al fin de este siglo para reunir a Su pueblo con Él. Haciendo esto, Él claramente define a aquellos a quienes Dios reconocerá como Su pueblo.

> *El Dios de dioses, Jehová, ha hablado, y convocado la tierra, Desde el nacimiento del sol hasta donde se pone.* [Este es un llamado a toda la tierra.] *De Sión, perfección de hermosura, Dios ha resplandecido. Vendrá nuestro Dios, y no callará; Fuego consumirá delante de él, Y tempestad poderosa le rodeará.* [Esta es una profecía clara de la venida del Señor en poder, gloria, y juicio.] *Convocará a los cielos de arriba, Y a la tierra, para juzgar a su pueblo.* [Este es el juicio del pueblo de Dios, ante el tribunal de Cristo—no el juicio del no creyente, sino el juicio del creyente. No el juicio de condenación, sino el juicio de recompensa.] *Juntadme mis santos, Los que hicieron conmigo pacto con sacrificio.* [Este verso nos dice a quien Dios llama su escogido].   (Salmo 50:1–5)

La palabra hebrea que aquí se tradujo *"santos"* es *hasid*. Es la palabra que nos da *hasidic* Judaísmo—qué es la más intensa y dedicada forma de Judaísmo ortodoxo. Un *hassid* es una persona cuya vida está totalmente dedicada a Dios. Él es una persona que sólo existe para Dios.

Sin embargo, el salmista aquí define los *"santos"* el verdadero *hasidim*, como *"los que hicieron conmigo pacto con sacrificio"*— más literalmente, "aquellos que cortaron Mi Pacto sobre la base de un sacrificio". El hebreo habla de "cortando" un pacto, en lugar de meramente haciendo uno. Hace pensar en la acción del cuchillo que pone el sacrificio a la muerte. "Mi" pacto significa específicamente el convenio que el propio Dios comenzó, el pacto eterno. Existe una base sobre la que Dios hace un pacto—la base de un sacrificio. Sin un sacrificio, no puede haber ningún pacto.

Hace años, aproximadamente en 1944, cuando por primera vez empecé a estudiar la Biblia en hebreo, el Espíritu Santo me incitó a hacer algo raro. Yo me armé con tres lápices de colores—azul, verde, y rojo—y me preparé para subrayar tres temas diferentes con un color especial para cada uno. Los temas eran: pacto, sacrificio, y derramamiento de sangre. El color azul era para el pacto, el verde para el sacrificio, y el rojo para el derramamiento de sangre.

De esa manera, me tropecé con una revelación porque descubrí que dondequiera que yo tenía el azul, tenía el verde; y dondequiera que yo tenía el verde, tenía el rojo. En otras palabras, dondequiera que hay un pacto, debe haber un sacrificio; y dondequiera que hay un sacrificio, debe haber derramamiento de sangre.

Sin pacto, no puede existir relación alguna con Dios; sin sacrificio, no puede existir un pacto.

Esto concuerda con la descripción del pueblo de Dios en el Salmo 50:5: *"Los que hicieron conmigo pacto con sacrificio"*. Dos cosas son esenciales para entrar en una relación permanente con Dios: un pacto y un sacrificio. Sin un pacto no puede haber ninguna relación con Dios; sin un sacrificio, no puede haber ningún pacto.

Históricamente, la manera en la que los hombres entraron en el pacto con Dios antes del nuevo pacto en Jesucristo era muy notable, y muchas personas no están familiarizadas con ella. Jeremías lo describe bien. Éste es un periodo en la historia de Israel cuando la nación era apóstata y rebelde en su relación con Dios, y ellos habían hecho algo que Dios les prohibió que hicieran—ellos habían hecho esclavos a sus compañeros Israelitas. Cuando Dios les reprobó esto a través del profeta Jeremías, ellos hicieron una muestra de arrepentimiento y entraron en un pacto en el que ellos estaban de acuerdo en liberar a sus esclavos. Pero luego, para agregar a su pecado, ellos rompieron su pacto y retomaron a los esclavos. La única parte de este incidente que nos concierne en este preciso momento es el procedimiento por el que ellos entraron en el pacto. Esto tiene una importancia que va más allá de este momento particular en la historia de Israel. Se describe en Jeremías, donde Dios dice:

> *Y entregaré a los hombres que traspasaron mi pacto, que no han llevado a efecto las palabras del pacto que celebraron en mi presencia, dividiendo*

en dos partes el becerro y pasando por medio de ellas; a los príncipes de Judá y a los príncipes de Jerusalén, a los oficiales y a los sacerdotes y a todo el pueblo de la tierra, que pasaron entre las partes del becerro, los entregaré en mano de sus enemigos y en mano de los que buscan su vida; y sus cuerpos muertos serán comida de las aves del cielo, y de las bestias de la tierra. (Jeremías 34:18–20)

Esto proporciona una suma importante a nuestra comprensión del proceso de hacer un pacto. No meramente hacerlo requiere un sacrificio, sino que el sacrificio tenía que ser repartido de una manera especial. El animal matado como sacrificio estaba cortado en dos partes, y las dos partes se pusieron en situación opuesta entre sí con un espacio entre ellas. Entonces las personas que estaban haciendo el pacto pasaban entre las dos partes del sacrificio. Éste era el acto por el que ellos entraban en el convenio.

El Pacto de Dios con Abram

Teniendo presente este procedimiento para hacer un pacto, vayamos a Génesis

15:7–18 que describe cómo el Señor entró en un pacto con Abram (su nombre no había sido cambiado a Abraham todavía):

> *Y le dijo: Yo soy Jehová, que te saqué de Ur de los caldeos, para darte a heredar esta tierra. Y él respondió: Señor Jehová, ¿en qué conoceré que la he de heredar? Y le dijo: Tráeme una becerra de tres años, y una cabra de tres años, y un carnero de tres años, una tórtola también, y un palomino. Y tomó él todo esto, y los partió por la mitad, y puso cada mitad una enfrente de la otra; mas no partió las aves. Y descendían aves de rapiña sobre los cuerpos muertos, y Abram las ahuyentaba. Mas a la caída del sol sobrecogió el sueño a Abram, y he aquí que el temor de una grande oscuridad cayó sobre él. Entonces Jehová dijo a Abram: Ten por cierto que tu descendencia morará en tierra ajena, y será esclava allí, y será oprimida cuatrocientos años. Mas también a la nación a la cual servirán, juzgaré yo; y después*

de esto saldrán con gran riqueza.
Y tú vendrás a tus padres en paz, y
serás sepultado en buena vejez. Y en
la cuarta generación volverán acá;
porque aún no ha llegado a su colmo
la maldad del amorreo hasta aquí.
Y sucedió que puesto el sol, y ya oscu-
recido, se veía un horno humeando,
y una antorcha de fuego que pasaba
por entre los animales divididos. En
aquel día hizo Jehová un pacto con
Abram, diciendo: A tu descenden-
cia daré esta tierra, desde el río de
Egipto hasta el río grande, el río Eu-
frates. (Génesis 15:7–18)

El pasaje comienza con el Señor prome-
tiéndole a Abram que Él le dará la tierra de
Canaán por posesión. Abram responde con
una pregunta: *"¿en qué conoceré...?"* En con-
testación, el Señor procede a hacer un pacto
con Abram. En otras palabras, el compromiso final de Dios para hacer algo está en
un pacto. Cuando Dios ha entrado en un
convenio, no hay nada más que Él pueda
hacer para comprometerse. El pacto representa compromiso final, irrevocable. Una

vez que Dios ha hecho el pacto con Abram, Él ya no habla en el tiempo futuro. Él no dice, "yo daré", Él dice, *"yo he dado"*. (Usted ve esto en el idioma original, también en la traducción de la Biblia). El convenio lo ha establecido—finalmente y para siempre.

El procedimiento por el que el Señor

> *El* pacto representa un compromiso final e irrevocable.

entró en el pacto con Abram corresponde exactamente a lo descrito en Jeremías 34:18–20. Abram tenía que tomar los animales del sacrificio, matarlos, y dividirlos en dos pedazos. Entonces aparece que, en su debido curso, el Señor y Abram pasaron entre los pedazos del sacrificio. Por ese acto extraño, el Señor entró en un compromiso de pacto con Abram.

Ahora miremos algunos de los detalles de esta transacción. Cada uno de estos detalles es muy iluminador. En Génesis 15:11

leemos: *"Y descendían aves de rapiña sobre los cuerpos muertos, y Abram las ahuyentaba"*. Estas palabras me traen recuerdos muy vívidos.

Durante la Segunda Guerra Mundial, mientras servía con las fuerzas británicas en Egipto, yo estuve durante un año completo enfermo y en el hospital, con una condición que al parecer los doctores no eran capaces de sanar. En mi desesperación, me volví a la Biblia para ver lo que ella tenía para decir. Finalmente, después de leer la Biblia entera, llegué a la conclusión de que Dios había proporcionado sanidad para mí a través de la muerte de Jesucristo en la cruz. Esa era una parte del pacto que Dios había hecho conmigo a través de Cristo. Pero mientras buscaba sostenerme de esta verdad, mi mente era continuamente asaltada con toda clase de ataques de depresión, duda, y oscuridad.

Mientras yo permanecía ahí, luchando para apropiarme de mis beneficios del pacto en Cristo, y luchando para desechar estos pensamientos de depresión y duda, leí este pasaje en Génesis capítulo 15, y vi que era el trabajo de Abram ahuyentar las aves de rapiña. Dios ordenó los objetos del sacrificio, pero guardarlos intacto era el trabajo de Abram. Igualmente, vi que Dios había provisto el sacrificio en Cristo para mí, pero era mi trabajo impedir que esos pájaros satánicos rondaran el sacrificio y robaran mis beneficios. Así que comprendí que este era un periodo en el que yo tendría que seguir ahuyentando los pájaros. No importa cuántas veces la incredulidad o el miedo me atacarán, era mi privilegio y mi responsabilidad

¿Sabías tú, que algunos de los más grandes siervos de Dios han pasado por períodos de oscuridad espiritual?

guardar esos objetos del sacrificio intactos. Ellos no serían profanados por las aves de rapiña satánicas que querían alimentarse de ellos y llevarse mi herencia.

Entonces dice en el verso 12: *"Mas a la caída del sol sobrecogió el sueño a Abram, y he aquí que el temor de una grande oscuridad cayó sobre él"*. Esta era una experiencia espiritual muy profunda en la que Abram, como un creyente maduro, comprometido, pasó a través de *"el temor de una gran oscuridad"*. ¿Hay en su teología un lugar para eso? ¿Sabe usted que algunos de los más grandes santos de Dios pasan por períodos de oscuridad espiritual? Necesariamente no es una marca de inmadurez o debilidad pasar por la oscuridad. De hecho, Dios no puede confiarle al inmaduro y al débil, ese tipo de experiencia. Él sabe simplemente cuánto cada uno de nosotros puede soportar. Abram no pasó por la oscuridad porque él era débil o no estaba comprometido, sino que pasó por esto porque era parte de su experiencia espiritual total.

Su oscuridad era una vista previa de lo que sus descendientes habían de sufrir en Egipto. Como padre de ellos, él tenía que compartir una medida de su sufrimiento.

En los versos 13 hasta el 16, el Señor explica a Abram lo que va a pasar a sus descendientes en Egipto, y que finalmente Él va a intervenir para liberarlos, y los devolverá a la tierra de Canaán. Entonces en el verso 17, una nueva dimensión se agrega a la experiencia de Abram: *"Y sucedió que puesto el sol, y ya oscurecido, se veía un horno humeando, y una antorcha de fuego que pasaba por entre los animales divididos".* A la oscuridad normal de la noche se agrega la oscuridad del humo que despide un horno. Frecuentemente en la Escritura, un horno representa intenso sufrimiento. En Isaías 48:10, Dios dice a Israel: *"He aquí te he purificado, y no como a plata; te he escogido en horno de aflicción".*

La forma como reacciones dentro del horno de Dios, va a determinar tu destino.

Hay momentos en que esto se aplica a todo el pueblo de Dios. Si usted se encuentra alguna vez en el horno, recuerde que es allí donde Dios lo refina y lo prueba a usted. Cómo usted reaccione en el horno determinará su destino. Usted necesariamente no está en el horno porque usted es débil o apóstata, o porque le ha fallado a Dios. Usted está en el horno porque el horno hace cosas por usted que nada más puede hacerlas. En Malaquías 3:3, Dios advierte a los hijos de Leví, Sus sacerdotes, que Él los refinará como el oro y la plata son refinados. Los metales preciosos sin intenso calor nunca son purificados.

En medio de esta oscuridad aplastante a la que Abram fue sometido—una oscuridad que era tanto natural como sobrenatural—había *"una antorcha de fuego que pasaba por entre los animales divididos"* (v. 17). ¡Qué significado tan profundo hay en esto! La antorcha encendida era una manifestación del Espíritu de Dios, correspondiente a las *"siete lámparas de fuego, las cuales son los siete espíritus de Dios"* (Apocalipsis 4:5) que Juan vio ante el trono en el cielo. Fue en este momento—el momento de oscuridad más profunda—que el Señor, en la apariencia de la antorcha encendida, hizo Su compromiso con Abram. Él pasó entre los pedazos y, haciendo esto, Él entró en el pacto.

Permítame regresar de nuevo por un momento a mi experiencia en el hospital en Egipto. Fue en ese momento de oscuridad en mi propia vida, que la verdad de este pasaje en Génesis capítulo 15 se tornó tan vívida para mí. Aprendí que hay tiempos de oscuridad absoluta cuando el Espíritu Santo ilumina sólo una cosa, que son los emblemas del sacrificio, porque eso es todo lo que nosotros necesitamos ver. El sacrificio es el emblema del pacto, y el pacto es el compromiso final e irrevocable de Dios.

Usted puede atravesar por un tiempo cuando usted no puede ver más nada que el hecho de que Jesús murió por usted. Eso es todo lo que usted necesita saber. Todo está incluido en eso. Romanos 8:32 nos dice, *"El que no escatimó ni a su propio Hijo, sino que lo entregó por todos nosotros, ¿cómo no nos dará también con él todas las cosas?"* Hay ocasiones cuándo solamente usted puede sostenerse de esto. Es el pacto hecho en el sacrificio de la muerte del Señor Jesucristo.

Así es cómo el Señor y Abram entraron en un pacto. Como yo lo entiendo, cada uno pasó en turno por en medio de los pedazos de los sacrificios.

¿No es asombroso que el Omnipotente Dios hiciera eso con un hombre? Es impresionante, que en cierto sentido, Dios descendiera todo ese camino del cielo, para pasar entre esos pedazos de animales muertos y realizar Su compromiso con Abram. Me abrumo al pensar que Dios alcanza tales longitudes para hacer Su compromiso personal con un hombre.

Válido Sólo a través de la Muerte

¿Pero por qué era necesario un sacrificio? ¿Por qué era la única manera para entrar en un pacto? La respuesta es que el sacrificio simbolizó la muerte de cada participante del pacto. Cuando cada parte caminó entre los pedazos del animal muerto, estaba diciendo, en efecto, "Ésa es mi muerte. Ese animal murió como mi representante. Él murió en mi lugar. Cuando yo entro en este pacto, entro por muerte. Ahora que estoy en el pacto, yo no tengo más derecho a vivir". Eso explica por qué tanto el hebreo como el griego no hacen distinción alguna entre pacto y *testamento*.

La necesidad de la muerte para hacer válido un pacto es en enfatizada en el libro de Hebreos:

> *Porque donde hay testamento, es necesario que intervenga muerte del testador. Porque el testamento con la*

muerte se confirma; pues no es vá-
lido entre tanto que el testador vive.
(Hebreos 9:16–17)

Estas palabras no dejan ningún lugar para el malentendido. El que entra en un pacto entra en él por muerte. Mientras una persona permanezca viva, no está en el pacto. Es imposible estar en el pacto y permanecer vivo. La muerte del animal sacrificado es física, pero simboliza otra forma de muerte para el que ofrece el sacrificio, y pasa a través de los pedazos. El que hace esto por ese medio renuncia del todo, desde ese momento, a vivir para sí mismo. A medida que cada participante pasa a través de los pedazos del sacrificio esta diciendo, en efecto, al otro: "Si fuera necesario, moriré por ti. De hoy en adelante, tus intereses toman precedencia ante los míos. Si yo tengo algo que tú necesitas pero no puedes obtener, entonces, mi suministro se vuelve tu suministro. Yo ya no vivo para mí; yo vivo para ti".

A los ojos de Dios, este acto de hacer un pacto no es ningún ritual vacío. Es un compromiso solemne y sagrado. Si nos remontamos a través de la historia al curso de eventos que resultaron del pacto que el Señor hizo con Abram, vemos que cada parte tuvo que hacer cumplir el compromiso que el pacto representó.

Algunos años después, cuando Abram se había vuelto Abraham, Dios le dijo: "Yo quiero que me des tu hijo Isaac, tu único hijo. La cosa más preciosa que tu tienes no es ya tuya, porque tu y yo estamos en un pacto. Me pertenece". Para su crédito eterno, Abraham no vaciló. Él estaba dispuesto a ofrecer

En la cruz, Jesús puso Su vida como el precio completo de la redención por Abraham y todos sus descendientes.

a Isaac. Fue hasta el último momento que el Señor intervino directamente desde el cielo, y le detuvo de realmente matar a su hijo (vea Génesis capítulo 22).

Sin embargo, ése no es el final de la historia. Dios también se había comprometido con Abraham. Dos mil años más tarde Dios, en Su turno, cumplió Su parte del pacto. Satisfacer la necesidad de Abraham y sus descendientes, Dios ofreció a Su único Hijo. Pero esta vez, no hubo intervención en el último minuto. En la cruz, Jesús entregó Su vida como precio completo para la redención de Abraham y todos sus descendientes. Ese acto era el resultado del compromiso que Dios y Abram habían hecho uno con el otro en esa noche fatal, dos mil años antes, cuando ellos pasaron por entre esos pedazos del sacrificio. Todo lo que siguió desde aquel momento en el curso de la historia estaba determinado por ese pacto.

El compromiso que se hace en un pacto es así de solemne, así de total, y así de irrevocable.

CAPÍTULO 3

La Unión entre el Hombre y la Mujer

CAPÍTULO 3

La Unión entre el Hombre y la Mujer

En el primer capítulo, vimos que el matrimonio en su plano más alto es *"un cordón de tres trenzas"* (Eclesiastés 4:12)—un pacto entre un hombre, una mujer, y Dios. En el capítulo 2, descubrimos que un pacto requiere un sacrificio; de otro modo no es válido. En este capítulo, aplicaremos estos principios específicamente a un matrimonio en que dos creyentes son unidos a través de su fe en Cristo.

El sacrificio sobre el cual, el pacto del matrimonio cristiano está basado, es la muerte de Jesucristo en nuestro favor. Él es el sacrificio a través del cual, por la fe, un hombre y una mujer puede adentrarse en la relación de matrimonio como el propio Dios ordenó que debe ser. Así como el Señor y Abram pasaron por entre los pedazos de los animales muertos, en el matrimonio, un hombre y una mujer pasan a través de la muerte de Jesucristo, a una vida y una relación totalmente nuevas, que habrían sido imposibles sin la muerte de Jesucristo. El pacto del matrimonio cristiano se hace al pie de la cruz.

> *El* pacto lleva a una vida compartida, fructífera; la vida que no es compartida permanece estéril y sin fruto alguno.

Hay tres fases sucesivas en el establecimiento de esta relación. Primero, se tiene que entregar la vida. Cada uno entrega su vida por el otro. El esposo mira atrás, a la muerte de Cristo en la cruz, y dice: "Esa muerte fue mi muerte". Cuando pasé a través de la cruz, yo morí. Ahora yo ya no vivo más para mí". La esposa igualmente mira a la cruz y dice lo mismo: "Esa muerte fue mi muerte". Cuando pasé a través de la cruz, yo morí. Ahora yo ya no vivo más para mí".

De ahora en adelante, ellos no tienen nada propio. Todo lo que el marido tiene es para la esposa. Todo lo que la esposa tiene es para el marido. Ninguna reservación, nada propio. Es una fusión, no una sociedad.

Segundo, tras esa muerte viene una nueva vida. Cada uno ahora vive esa nueva vida en y a través del otro. El marido dice a la esposa: "Mi vida está en ti. Yo estoy haciendo una realidad de mi vida a través de ti. Tu eres la expresión de lo que yo soy". Igualmente, la esposa dice al marido: "Mi vida está en ti. Yo estoy haciendo una realidad de mi vida a través de ti. Tu eres la expresión de lo que yo soy".

Tercero, el pacto es consumado por la unión física. Esto a su vez, más adelante, trae fruto que continúa la nueva vida que cada uno ha estado deseando compartir con el otro. En todo el reino de las criaturas vivientes, Dios ha establecido este principio básico: sin la unión, no puede haber fruto. El pacto lleva a compartir la vida y la fertilidad;

una vida que no es compartida permanece estéril y sin fruto.

Este acercamiento al matrimonio, que Dios lo ve en términos de un pacto, difiere mucho de la actitud con que la mayoría de las personas hoy en día entran al matrimonio. Básicamente, la actitud de nuestra

> *De* alguna manera, la esposa es el pivote sobre el cual gira toda la relación.

cultura contemporánea es, "¿Qué puedo conseguir yo? ¿Qué hay en todo esto para mí?" Creo que cualquier relación tomada con esta actitud está condenada a terminar en el fracaso. El que se acerca al matrimonio como un pacto no pregunta, "¿Qué puedo conseguir?" Más bien él pregunta, "¿Qué puedo dar yo?" Y él prosigue para contestar su propia pregunta: "Yo doy mi vida. La entrego para ti, y entonces encuentro mi nueva vida en ti". Esto se aplica igualmente a cada parte—al esposo y a la esposa. Para la mente natural, esto suena ridículo. Aún así, este es, de hecho, el secreto de la vida, la felicidad y el amor real.

En 1ª Samuel 25, la Escritura registra la historia de una mujer llamada Abigail, que llegó a convertirse en la segunda esposa de David. Cuando él la conoció, ella vivía en las colinas de Judea con su esposo Nabal. Nabal significa "tonto", y no pasó mucho tiempo antes de que el muriera a causa de su tontería. David mando mensajeros a preguntarle si ella se casaría con él, y ella devolvió un mensaje, que siempre ha tocado mi corazón. Ella dijo, *"He aquí, vuestra sierva, es una criada para lavar los pies de los siervos de mi señor"* (1ª Samuel 25:41). ¿Cuántos de ustedes estarían dispuestos a decir algo así, de tan grande sacrificio?

En esta nueva relación, cada parte tiene una contribución especial que hacer. Es notable que en cada pasaje del Nuevo Testamento que trata de las obligaciones mutuas de marido y esposa, el escritor empieza siempre explicando las responsabilidades especiales de la esposa. Esto ocurre ciertamente tanto si el escritor es Pedro (un hombre casado) como si es Pablo (un hombre soltero).

Parecería que, en algún sentido, la esposa es el eje sobre el que toda la relación gira. A menos que ella haga su parte, no hay manera alguna en la que el esposo por sí mismo pueda hacer que la relación funcione. Nosotros empezaremos, por consiguiente, analizando la contribución de la esposa.

La Contribución de la Esposa

En Proverbios 31:10–31, Salomón pinta uno de los retratos más bonitos encontrados en cualquier parte en la Biblia, el de una *"esposa excelente"*. La versión *Reina Valera 1960* traduce esto como *"una mujer virtuosa"*. Ninguna traducción expresa totalmente la fuerza del original. Lo que Salomón realmente tenía en mente, creo yo, es una mujer que conoce lo que es ser una mujer—una mujer que conoce cómo lograr la expresión más completa y rica de su feminidad; una mujer que tiene éxito como mujer.

Él abre su descripción con una pregunta: *"Mujer virtuosa, ¿quién la hallará?"* (v. 10). Esto indicaría que semejante mujer es rara. Puesto que yo fui privilegiado por compartir treinta años de mi vida con una mujer que correspondía a la descripción de Salomón, nunca puedo leer este pasaje sin que lágrimas de gratitud broten de mis ojos.

No es el objetivo de este libro examinar cada detalle del retrato que pintó Salomón. Pero yo quiero señalar un hecho simple, que es muy significante: el principio, el centro, y el fin del cuadro está enfocado en su marido. En otras palabras, el logro supremo de una esposa excelente es su marido. Todo lo demás que ella logra aparte de eso es de valor secundario. Así es cómo una mujer debe medir su logro como esposa. Ella no está basando la realidad su propia vida. Su vida está en su marido. Ella ve su éxito en él. Ella se regocija en los logros de él más que en los suyos propios.

Note en el verso 11, la primera declaración sobre esta esposa excelente: *"El corazón de su marido está en ella confiado, y no carecerá de ganancias"*. Él no tiene que salir al mundo y hacerse millonario para probarse a sí mismo. La aprobación de su esposa es suficiente para él. Muchos hombres se esfuerzan incesantemente por tener éxito en los negocios o en otros campos, principalmente con el deseo de probarse a sí mismos. Normalmente la raíz del problema es que ellos

nunca han tenido la convicción de aprobación en sus propias casas—primero de sus
padres, y después de sus esposas. Por consiguiente, ellos van por la vida con una tenden-
cia a tratar de ganar aprobación y probarse
a sí mismos. Pero un hombre que tiene el
tipo correcto de esposa no depende de nadie
más para obtener aprobación. Su aprobación
de ella es suficiente. Todos los demás pueden malentenderlo, e incluso pueden traicio-
narle, pero él sabe que hay una persona con
quien él puede contar cien por ciento. Ésa es
su esposa. Ser una esposa de este tipo es un
logro muy alto para una mujer.

Un hombre que tiene una
esposa que lo apoya, no
necesita depender de la
aprobación de nadie más.

La confianza del marido en este pasaje
"la esposa excelente" está basada sobre un
hecho simple pero sumamente importante:
*"Le da ella bien y no mal todos los días de
su vida"*. Durante treinta años, yo tenía esa

convicción total acerca de Lydia. Ella nunca me haría mal. Ella podría discrepar conmigo, quizás amonestarme. Nosotros podríamos discutir o podríamos sostener opiniones diferentes. Pero yo siempre supe donde estaba parado con ella. Ella estaba cien por ciento a mi lado. Sin eso, yo nunca hubiese podido ser lo que soy hoy en día.

Movámonos ahora hasta el verso 23, la sección central de esta descripción: *"Su marido es conocido en las puertas, cuando se sienta con los ancianos de la tierra"*. De nuevo el enfoque está en su marido. Él es un líder reconocido entre su pueblo, sentándose en la puerta, el lugar de honor y autoridad. El idioma de Salomón es tan expresivo. *"Su marido es conocido..."*. En otras palabras, él es conocido como su marido. Sin su apoyo, él no hubiese sido capaz de sostener esa posición de honor. Este principio es real en la mayoría de los casos donde nosotros vemos a un hombre exitoso, seguro y respetado. Una gran parte de lo que nosotros realmente estamos viendo es el éxito de su esposa.

Luego, en los versos 28 y 29, la descripción cierra con el enfoque en su familia—primero sus niños, pero finalmente su marido una vez más:

Se levantan sus hijos y la llaman bienaventurada; Y su marido también la alaba: Muchas mujeres hicieron el bien; Mas tú sobrepasas a todas. (Proverbios 31:28–29)

La descripción de la *"esposa excelente"*— la mujer verdaderamente exitosa—empieza con, se centra en, y concluye con su marido. Él es su logro supremo, al lado del cual cada otro logro es secundario.

¿Qué premio, por su parte, tiene el esposo que ofrecerle a ella? *"Él la alaba"*. ¡Cuán importante es esto! Esposos, si tienen una esposa así, no hay paga alguna que sea suficiente para ella. No tienen nada con que pagarle, excepto la alabanza. Y pueden permitirse el lujo de ser pródigos con esa forma de pago, porque mientras más ustedes pagan, más reciben a cambio. Así que, tomen tiempo para alabar a su esposa. Díganle cuán dulce es ella. Díganle lo rico que sabe su comida. Díganle cuánto disfrutan viendo la casa tan limpia. Díganle lo bonita que se ve. Díganle cuánto la aman. Tomen tiempo para hacerlo. Es una buena inversión. Ustedes recibirán mucho más de lo que han depositado.

Por mi parte, como yo ya he indicado, puedo mirar atrás a más de treinta años de matrimonio feliz y exitoso con Lydia. Si yo tengo un pesar mayor, es que no le dije bastante a menudo cuánto yo la amé. Yo la amaba, y ella lo sabía. Pero no se lo dije tan a menudo como debí hacerlo. Si yo pudiera vivir esa parte de mi vida de nuevo, le diría diez veces más a menudo.

Regresemos por un momento a la parte de la esposa. ¿Cómo puede lograr una esposa este tipo de éxito con su marido? Yo diría que ella tiene dos responsabilidades principales, estrechamente relacionadas la una con la otra. La primera es apoyar a su marido; la segunda es animarlo y motivarlo.

En 1 Corintios 11:3, Pablo nos dice que *"el varón* [el esposo] *es la cabeza de la mujer* [la esposa]". En el cuerpo natural, la responsabilidad final por la decisión y la dirección descansa en la cabeza. Aún así, la cabeza no puede sostenerse por sí misma. Depende del resto del cuerpo para hacer esto. Sin el apoyo del resto del cuerpo, principalmente el cuello, la cabeza sola no puede cumplir su función.

Esto se aplica a la relación matrimonial. Como la cabeza, el marido tiene la responsabilidad final por la decisión y dirección. Pero él no puede cumplir esta función por sí solo. Él es dependiente del apoyo del cuerpo. En cierto sentido, la responsabilidad de la esposa puede asemejarse a la del cuello. Ella es la más cercana a su marido con cuyo apoyo él debe contar continuamente. Si ella no le apoya, no hay manera alguna en la que él pueda funcionar como debe. Así como no hay ninguna otra parte del cuerpo que puede levantar la cabeza, no hay ninguna otra persona que puede dar al marido el apoyo que él necesita de su esposa.

La segunda responsabilidad principal es animar a su marido. Un hombre debe poder recibir en todo momento estímulo de su esposa, particularmente cuando él menos lo merece. Si Lydia me hubiera animado sólo cuando yo lo merecía, no habría sido lo que yo necesitaba. Yo necesitaba estímulo mayormente cuando menos lo merecía. Necesitaba alguien que tuviera fe en mí cuando nadie más la tenía. No necesitaba un sermón. No necesitaba un consejero. Necesitaba alguien que confiase en mí.

> *La* esencia del pacto matrimonial consiste en que ya no estás viviendo para ti solamente.

Animar no es una cosa fácil de hacer para una esposa—sobre todo en tiempos de presión. Es mucho más fácil reprochar o criticar. De hecho, animar es un ministerio que debe cultivarse. Considero que muchas veces una esposa puede transformar un mal matrimonio y un marido fracasado, en un buen matrimonio y un marido exitoso, si ella aprende a animar. Pero eso siempre significa negarse a sí mismo. No podemos animar a otros cuando nosotros estamos principalmente interesados en nosotros mismos. ¿Si usted y su marido están sintiéndose miserables, qué va usted a hacer? ¿Decirle cuán miserable usted es, o animarlo? Animarlo requiere negarse a sí misma. Ésa es la esencia del pacto matrimonial. Usted ya no está viviendo para usted.

Esto nos regresa a nuestro punto de arranque: compromiso del pacto. Este solo puede proporcionar la gracia y el poder que cada parte necesita para hacer su matrimonio exitoso. Un buen consejo o un juego de reglas no son suficientes por sí solos para hacer esto. Hay varios libros excelentes disponibles hoy en día, que ofrecen consejo e instrucción desde un punto de vista cristiano, sobre como tener un matrimonio exitoso. Pero en el último recurso, el matrimonio cristiano no funcionará sin la gracia sobrenatural de Dios; y esta gracia sólo se recibe, cuando el esposo y su esposa se rinden a Dios, y uno al otro en el compromiso del pacto.

La Contribución del Esposo

Ahora nosotros consideraremos la contribución del esposo al pacto matrimonial. Un buen punto de partida es proporcionado por las palabras de Pablo en 1 Corintios 11:7: *"Porque el varón no debe cubrirse la cabeza, pues él es imagen y gloria de Dios; pero la mujer es gloria del varón".*

Es en la declaración final en la que estamos interesados justo ahora, *"la mujer* [la esposa] *es gloria del varón* [el esposo]". Esto sencillamente toma el mismo principio que ha sido aplicado a la esposa y que también se aplica al marido. Hemos visto ya que el éxito de la esposa se manifiesta en el marido. Ahora, Pablo nos dice, la esposa es la evidencia del éxito del marido. En otras palabras, la indicación de que ella fue una esposa muy exitosa, se demuestra por el hecho de que su marido es apoyado y motivado por ella. Ella es su gloria, su más grande logro. Única y supremamente, ella es una demostración viviente de la calidad de su marido.

A un evangelista muy conocido le preguntó una vez un creyente, "¿Qué tipo de cristiano es él?" "No puedo decirle todavía," él contestó, "¡No he conocido a su esposa!" Ésa fue una respuesta sabia. Personalmente, yo nunca me formaría un criterio de un hombre casado hasta que no haya conocido a su esposa, porque ella es su gloria. Si ella es radiante, sosegada y segura, su marido ha ganado mi respeto. Pero si, por otro lado, ella es frustrada, nerviosa e insegura, tengo que concluir que hay alguna proporción de fracaso en el marido.

En esta relación de la esposa y su marido, su gloria es ilustrada bellamente por una parábola de los cuerpos celestes: la relación de la luna y el sol. La luna es la "gloria" del sol. La luna no tiene ninguna gloria por sí misma. Su única belleza viene de reflejar el fulgor del sol.

Una de las responsabilidades del marido, es proveer seguridad emocional, social y económica para su esposa.

Hace algunos años, en el centro de la NASA en Houston, Texas, tuve la oportunidad de ver un fragmento de piedra de la superficie de la luna, que había sido traído a la Tierra por los astronautas. Durante algún rato, lo miré fijamente con temor. Finalmente, yo arqueé mi cabeza en adoración reverente al Creador, cuando empecé a entender la sabiduría perfecta de Su plan. La piedra de la luna es embotada y poco atractiva en sí misma. No tiene brillo o fulgor alguno en sí misma. Aún así es el material más reflejante que el hombre haya descubierto. ¿Por qué? La razón, por supuesto, es que fue diseñada por el Creador para un propósito supremo—reflejar el fulgor del sol. Esto continuará haciendo, hasta en tanto que nada se interponga entre ella y el sol. Pero si algún otro cuerpo—por ejemplo, la tierra—se interpone entre la luna y el sol, el resultado se manifiesta en la luna. Pierde su luz.

Todo esto es una parábola que ilustra el trabajo más maravilloso del ingenio del Creador—la relación matrimonial. La esposa es como la luna. Ella no tiene gloria por sí misma. Su función es reflejar a su marido. Cuando él brilla en ella, ella brilla. Pero si la relación completa, abierta entre ellos se rompe—si algo se interpone—el resultado se manifiesta en la esposa. Ella pierde su luz.

Aquellos de nosotros que somos esposos haríamos bien en detenernos de vez en cuando para inspeccionar nuestra actuación al respecto. Debemos estar preparados para ver la condición de nuestra esposa como una reflexión de la nuestra. Nosotros los varones somos muy prontos para notar algún área de debilidad en nuestras esposas—incluso quizás, para ser duros o críticos sobre eso. A pesar de esto puede ser que el problema que nosotros vemos tan claramente en nuestras esposas sea, en realidad, más bien, la reflexión de un problema correspondiente que no hemos reconocido en nosotros mismos.

¿Qué debe buscar un marido en su esposa? ¿Qué debe aceptar él como evidencia de que está cumpliendo su responsabilidad hacia ella? Si yo tuviera que contestar esta pregunta en una palabra, la palabra que escogería sería seguridad. Cuando una mujer casada es verdaderamente segura—emocionalmente segura, financieramente segura, socialmente segura—en la mayoría de los casos, es evidencia suficiente de que su relación con su marido es buena, y que él está cumpliendo sus obligaciones hacia ella. Pero si una mujer casada está sujeta a frecuente o continua inseguridad, casi invariablemente esto puede remontarse a una de dos causas: o su marido no está cumpliendo su obligación hacia ella, o algo se ha interpuesto entre ellos, qué le impide a la esposa recibir lo que su marido tiene que darle.

¿Cuáles son las maneras prácticas más importantes en qué un marido debe cumplir su responsabilidad hacia su esposa? Yo sugeriría que ellas puedan ser resumidas en dos palabras: *proteger* y *proveer.*

> *Una* esposa necesita saber que tiene alguien que se interpone, entre ella y cada soplo, cada ataque, cada presión que surge.

La responsabilidad práctica principal o primera de un marido, es proteger a su esposa. Ella debe sentirse segura. Ella debe saber que ella tiene un techo. Es injusto pedirles a las mujeres que tomen muchas de las responsabilidades que han sido lanzadas a ellas hoy en día. Ellas pueden demostrar ser muy eficaces; ellas pueden incluso superar a los hombres; pero pierden su feminidad. En la mayoría de los casos, la causa verdadera, subyacente, es que el marido ha abdicado su responsabilidad de proteger a su esposa. Una esposa siempre debe saber que ella tiene alguien para interponerse entre ella y cada soplo, cada ataque, cada presión.

La segunda responsabilidad práctica de un marido es proveer para su esposa. La Escritura es muy clara respecto a esto. *"Porque si alguno no provee para los suyos, y mayormente para los de su casa, ha negado la fe, y es peor que un incrédulo"*. (1 Timoteo 5:8). La palabra *"proveer"* tiene una aplicación amplia. Un marido debe mirar que no haya ningún área de necesidad en su esposa para la que él no haya hecho provisión—sea la necesidad física o emocional, cultural o espiritual.

Sin embargo, un área mayor en la que un marido es responsable de proveer a su esposa son las finanzas. Normalmente, él debe aceptar la responsabilidad completa por sus necesidades financieras. Un hombre que pudiendo hacerlo, no hace esto, perderá casi inevitablemente alguna porción de autoridad en su casa. Es difícil separar correctamente la ganancia de dinero, para tomar decisiones correctas sobre la manera en que el dinero es gastado. Pero el tomar tales decisiones debe ser una función de sacerdote. Si una esposa gana tanto como, o más que su marido, es duro para él retener un sacerdocio eficaz.

El resultado del compromiso
de pacto entre un hombre
y una mujer puede
resumirse en una palabra:
conocimiento.

Nosotros sabemos, por supuesto, que hay excepciones para esto. Hay maridos que se vuelven incapacitados para trabajar. En tales casos, la responsabilidad para la provisión financiera puede recaer en la esposa. El voto matrimonial hace concesión para tales casos como este; cubre "en la enfermedad" así como "en la salud". Sin embargo, está mal cuando las excepciones infortunadas como estas se vuelven la regla normal.

Brevemente, ahora, nosotros podemos resumir las responsabilidades mutuas de esposo y esposa en esta relación de pacto matrimonial. Las responsabilidades principales del marido son proteger y proveer. Las responsabilidades principales de la esposa son apoyar y animar. Sin embargo, el cumplimiento apropiado de estas responsabilidades nunca puede ser logrado solo por el esfuerzo humano o por fuerza de voluntad. Toma algo más que eso; toma la gracia sobrenatural, Todopoderosa de Dios. Este tipo de gracia sólo viene cuando el esposo y la esposa se comprometen a sí mismos con Dios, y el uno con el otro en una relación solemne de pacto. Es el acto de compromiso que desata la gracia de Dios.

El resultado de este compromiso es un nuevo tipo de vida y relación, que nunca puede ser experimentado por aquellos que no han llenado las condiciones primero. Continuaremos ahora para ver lo que es el carácter distintivo de esta nueva vida.

La Unión Lleva al Conocimiento

El resultado del compromiso de pacto entre un hombre y una mujer puede resumirse en una palabra: *conocimiento*. Un hombre y una mujer vienen a conocerse el uno al otro en una profundidad y un grado que no son posibles de ninguna otra manera. El verbo "conocer" en el idioma original de la Escritura tiene un significado tanto más amplio y más profundo que su correspondiente hispano. En Génesis 4:1, dice, *"Conoció Adán a su mujer Eva, la cual concibió y dio a luz a Caín"*. (La *New American Standard Bible* [versión inglesa] dice "el hombre tuvo relaciones con su esposa Eva". Sin embargo, la *Reina Valera* retiene el significado correcto, literal del hebreo original). Esta es la primera vez que la palabra "conocer" se usa en la Escritura después de la caída. También es la primera ocasión registrada en que un hombre y una mujer se juntan en unión sexual.

Sin embargo, los escritores del Antiguo Testamento son muy precisos y cuidadosos de la manera en la que ellos usan el verbo *conocer* para describir comunicación sexual entre un hombre y una mujer. Dondequiera que un hombre vino junto con una mujer en un pacto de unión que tenía el sello de la aprobación de Dios, la Escritura dice que él la *"conoció"* a ella. Pero donde era una relación ilícita, una que Dios no había endosado y que no aprobó, la Escritura dice que él *"durmió"* con ella. La implicación es que es posible para un hombre tener comunicación sexual con una mujer y aún así no *"conocerla"* a ella. Creo que esto se confirma totalmente en la experiencia. De hecho, un hombre puede tener comunicación sexual promiscua con cincuenta mujeres, y aún así nunca "conocer" a ninguna de ellas.

Un hombre puede tener comunicación sexual con una mujer y aún así no *"conocerla"* a ella.

¿Cuál es, entonces, la diferencia esencial entre meramente "dormir" con una mujer y "conocer" a una mujer? La respuesta puede darse en una palabra: *compromiso*. La esencia de la inmoralidad sexual es que un hombre y una mujer buscan el uno en el otro satisfacción física y emocional, pero ellos no han hecho un compromiso permanente. El placer que ellos obtienen de esta manera es robado. Ellos no han pagado el precio debido por él.

Es muy importante entender esto, y por lo tanto, les voy a dar un ejemplo. Un joven y una jovencita son estudiantes en una universidad. Si ellos tienen relaciones sexuales, Dios lo llama inmoralidad. Pero si la misma pareja entregan su vida, el uno al otro en un compromiso, van al altar, e intercambian sus votos matrimoniales, y entonces, tienen relaciones sexuales, ahora, Dios define este acto como algo santo y lleno de bendición. ¿Qué es lo que hace la diferencia? El pacto.

Esto revela cuánta importancia Dios concede al compromiso. La comunicación sexual que no está precedida por un compromiso permanente y mutuo es inmoralidad. El sexo premarital es el título elegante que se le ha dado en la sociedad contemporánea. *"Fornicación"* es la palabra usada en la Escritura. Por otro lado, la unión sexual que está precedida por compromiso legítimo, mutuo es "el matrimonio". La diferencia en la actitud de Dios hacia estas dos relaciones es manifestada claramente en Hebreos 13:4 *"Honroso sea en todos el matrimonio, y el lecho sin mancilla; pero a los fornicarios y a los adúlteros los juzgará Dios"*.

En este contexto, *"los fornicarios"* se entiende como aquellos que se complacen en relaciones sexuales sin el compromiso del pacto. *"Los adúlteros"* son aquellos que han hecho un compromiso matrimonial, pero luego se complacen en relaciones sexuales que violan su compromiso. En ambos casos, la esencia del pecado es una actitud incorrecta hacia el compromiso del pacto.

Debido a que el matrimonio es tan maravilloso y tan sagrado, Dios lo ha protegido, demandando un compromiso de pacto.

Regresamos al propósito fundamental de Dios para el matrimonio: que un hombre y una mujer lleguen a conocerse el uno al otro. Yo supongo que la profundidad completa de esta verdad sólo puede ser apreciada por aquellos que han sido privilegiados en experimentarlo. Tal conocimiento entre un hombre y una mujer no es temporal, ni estático.

No es meramente intelectual, del modo que nosotros entendemos normalmente el conocimiento en la terminología contemporánea, ni es meramente sexual. Es una apertura total, sin reservas, de cada personalidad a la otra. Envuelve cada área—física, emocional, intelectual y espiritual. Si el matrimonio sigue su curso ordenado por Dios, el conocimiento mutuo del marido y de la esposa se tornará más completo y más profundo con el paso de los años.

Es mi convicción personal, que la más grande maravilla de todos los logros creativos de Dios, se expresa en la personalidad humana. Jesús enseñó que un alma humana vale más que el mundo entero (vea Marcos 8:36–37). Creo que ésta es una evaluación real, objetiva. El universo completo, en toda su grandeza y esplendor, es de menos valor intrínseco que una personalidad humana. La maravilla del matrimonio es que, a través de él, se permite a dos personalidades humanas conocerse mutuamente en toda su singularidad, y les es permitido explorar lo sagrado, y lo más profundo de cada uno. Pero simplemente porque el matrimonio en este sentido es tan maravilloso y tan sagrado, Dios lo ha protegido con Su demanda por el compromiso del pacto.

Hay diferentes e innumerables facetas, para la manera en que un hombre y su esposa pueden venir a conocerse el uno al otro. Por ejemplo, la misma manera en la que ellos se miran entre si, es diferente de la manera en la que ellos miran a otras personas, o de que otras personas los miran. Una de mi ocupaciones favoritas (pero no clasificada) es mirar parejas de esposos cuando ellos no son conscientes de que alguien los está mirando. Lo que yo siempre observo son sus ojos. (Alguien ha dicho que el ojo es "la ventana del alma"). Déme un tiempo para observar las miradas que ellos se intercambian, y formaré una estimación bastante exacta de cuán exitoso es su matrimonio.

Una esposa tiene una manera de mirar a su marido que le dice casi todo sin usar palabras. Por ejemplo, "es tiempo de que tu cuides de los niños". O, "Tu no deberías haber pasado tanto rato hablando con esa otra mujer". O, "Si nosotros vamos ahora a casa, podemos tener una hora juntos para nosotros". Por esta razón, la Escritura indica que una mujer casada nunca debe permitirse mirar a cualquier otra persona de la manera en que ella mira a su marido.

Esto es muy vivamente ilustrado por un incidente en la vida de Abraham. Él fue un gran hombre de fe, pero él tenía ciertas debilidades muy humanas. En dos ocasiones, para salvar su propia vida, él estaba preparado para permitir que su esposa Sara fuese tomado en el harén de un rey gentil. Él era tardo para comprender que el destino divino lo había unido irrevocablemente con Sara, y nunca podría cumplirse a través de cualquier otra mujer. La debilidad de Abraham en este respecto debe servir como una advertencia a los maridos en esta era.

En 1 Pedro 3:7, se les recuerda a los esposos cristianos que sus esposas son, conjuntamente con ellos, *"coherederas de la gracia de la vida"*. La palabra *"coherederas"* indica una herencia unida, una en la que ningún heredero puede exigir nada legalmente apartado del otro. Hay áreas de la herencia de Dios para las parejas casadas, en las que no puede entrar el uno sin el otro. Estas áreas están reservadas solamente para parejas que puedan moverse juntas en amor mutuo y armonía. Este principio es aplicable tanto a los maridos cristianos de hoy en día, como lo fue a la relación de Abraham con Sara.

La maravilla del matrimonio es que, a través de él, dos personalidades humanas tienen la oportunidad de explorar las profundidades más íntimas y sagradas de cada uno.

La segunda de dos ocasiones en las que Abraham estaba preparado a separarse de Sara fue en la corte de Abimelec, rey de Gerar (vea Génesis capítulo 20). Abraham persuadió a Sara de que dijera que ella era su hermana—lo que era verdad, pero no toda la verdad—y ocultara el hecho de que ella también era su esposa. Como resultado, Abimelec la tomó en su harén, pensando hacerle su esposa. Sin embargo, Dios intervino sobrenaturalmente para conservar a Sara. En un sueño, Él reveló a Abimelec que

Sara realmente era la esposa de Abraham, y le advirtió que si él la tomaba, pagaría por esto con su propia vida. Abimelec que era al parecer un hombre temeroso de Dios, inmediatamente regresó Sara a Abraham, y le compensó con regalos sustanciales por el mal que él había hecho.

Sin embargo, en conclusión, Abimelec dirigió una palabra de reprobación y advertencia a Sara: *"Y a Sara dijo: He aquí he dado mil monedas de plata a tu hermano; mira que él te es como un velo para los ojos de todos los que están contigo, y para con todos; así fue vindicada"*. (Génesis 20:16). Nosotros podemos resumir la esencia de la reprobación de Abimelec a Sara de esta manera: "Cuando usted está casada, usted nunca puede mirar a otro hombre de la manera que usted mira a su marido. Él es una cubierta para los ojos de usted". Hay una manera en la que una mujer abre sus ojos a su marido, que es, a la vez, bíblica y muy sagrada. Ella nunca debe permitir deliberadamente que cualquier otro hombre mire sus ojos de la manera en que su marido lo hace.

Obviamente, esto tiene otro lado: así como una mujer casada no tiene ningún derecho para mirar de esta manera a un hombre que no es su marido, así también, un hombre casado no tiene ningún derecho de recibir semejante mirada de una mujer que no es su esposa. Para su crédito, parecería que Abimelec reconoció esto.

De todos modos, esta advertencia dada a Sara por Abimelec, expresa, de una manera simple pero vívida, la esencia de la relación en la que un hombre y una mujer entran a través del pacto del matrimonio. A través de su pacto de compromiso del uno para con el otro, ellos vienen a conocerse mutuamente de una forma en la que ninguno de ellos debe conocer a ninguna otra persona, y ninguna otra persona debe conocerlos a ellos jamás en la vida. El propósito del pacto matrimonial es conservar este conocimiento único y sagrado entre el esposo y la esposa, y mantenerlo lejos de ser violado por cualquier otra relación.

CAPÍTULO 4

Encontrando Tu Pareja

Capítulo 4

Encontrando Tu Pareja

Existen tres decisiones de gran importancia que normalmente enfrentan los jóvenes, a medida que crecen: la decisión de un Salvador; la decisión de un trabajo en la vida (o elegir una carrera profesional); y la decisión de escoger una pareja en la vida (una esposa o un esposo). Si hemos recibido a Cristo Jesús como nuestro Salvador, debemos preguntarle y pedirle que nos guíe en las otras dos selecciones que debemos hacer; y estas dos selecciones están muy estrechamente conectadas, una con la otra, debido a que un esposo o una esposa deberían ser socios—trabajando juntos—en la vida. (Favor de ver Génesis 2:18–25).

La Importancia del Matrimonio

Dios le da más importancia al matrimonio, de lo que muchos cristianos le dan hoy en día. Algunos de nosotros que venimos de un pasado religioso, nos hemos formado la idea de que el matrimonio es una necesidad afortunada, debido a que somos seres sexuales, y creemos que debemos casarnos antes de tener relaciones sexuales. La mayoría de los cristianos realmente no tienen idea alguna de que tan valioso es el matrimonio, a los ojos de Dios.

> *Dios* le da más importancia al matrimonio, de lo que muchos cristianos le dan hoy en día.

Otro problema es que los cristianos más jóvenes han fallado en ver la tremenda santidad e importancia del matrimonio, y esto se debe a que han sido muy vagamente impresionados por las vidas de los cristianos de mayor edad. Yo realmente no los culpo por esto. Es un hecho muy trágico, que tenemos millones de jóvenes creciendo en estos días, que nunca han visto un matrimonio feliz.

Dado el creciente índice de divorcios, es evidente que las parejas no están tomando sus votos matrimoniales muy seriamente, como deberían hacerlo. La relación matrimonial, que debería ser la cosa más estable y constante en la vida de una persona, ahora puede ser disuelta, tan rápido como se formó. No le estamos dando al matrimonio el valor que merece. No hemos podido reconocer su valor, ni su importancia.

Una de las cosas que me despertó, para reconocer el valor del matrimonio, fue la ceremonia matrimonial en que me casé con mi segunda esposa, Ruth. El hermano Charles Simpson compartió un mensaje corto, pero extremadamente penetrante, como el ministro oficiante de la ceremonia. El apuntó el hecho de que la raza humana comenzó con un matrimonio entre Adán y Eva.

A medida que yo medité en lo que dijo Charles, comenzó a crecer en mi corazón, y comenzó a producir un nuevo tipo de entendimiento. Yo me di cuenta de que la revelación de las Escrituras comienza con un matrimonio en Génesis. Jesús realizó Su primer milagro en una ceremonia matrimonial. El gran clímax de la historia de la humanidad, que Dios ha predestinado, es, una vez más, un matrimonio—la cena matrimonial del Cordero de Dios.

Recientemente, yo estaba interesado en descubrir, que los rabís, cuando comentaron acerca del libro de Cantar de los Cantares, del Antiguo Testamento, lo consideraron, de alguna manera, como el libro más santo de toda la Biblia. Sin embargo, francamente, es una ilustración de una relación amorosa muy apasionada, entre un hombre y una mujer.

Yo también recuerdo una referencia del libro *The Marechale* de James Strahan. En ese libro, él cita a una de las hijas de William Booth (el hombre que comenzó la organización llamada Salvation Army o Ejercito de Salvación), diciendo, "Cristo nos ama apasionadamente, y Él quiere ser amado apasionadamente también". Yo no creo que jamás podemos hablar del Cristianismo del Nuevo Testamento en cualquier forma, sin tener ninguna pasión dentro de nosotros. Esta pasión está supuesta a ser reflejada en nuestras relaciones matrimoniales.

Si el matrimonio fue lo suficientemente importante para Dios, que Él lo usó para comenzar la historia de la humanidad, para comenzar el ministerio de Jesús en esta tierra, y para tipificar Su relación con la iglesia, entonces, deberíamos ser muy cuidadosos con relación a la persona con quien nos unimos en este pacto.

Escogiendo a "La Pareja"

Yo creo que la relación matrimonial, es la relación personal más importante que cualquiera de nosotros podemos llegar a tener, aunque no todos hemos sido hechos para ello.

Está diseñada para ser un pacto verdadero, duradero, en el cual, ambas partes piensan en beneficiar al uno y del otro, antes de pensar en sí mismos. Si tú sabes que estás dedicado a mantener este tipo de pacto, deberías encontrar a alguien que tiene el mismo nivel de entrega y dedicación para mantenerlo, y para trabajar a través de cualquier tipo de problemas que puedan encontrar los dos juntos.

Un cristiano siempre debe escoger a otro cristiano como su pareja. *"¿Andan dos hombres juntos si no se han puesto de acuerdo?"* (Amós 3:3).

> *No estéis unidos en yugo desigual con los incrédulos, pues ¿qué asociación tienen la justicia y la iniquidad? ¿O qué comunión la luz con las tinieblas? ¿O qué armonía tiene Cristo con Belial? ¿O qué tiene en común un creyente con un incrédulo? ¿O qué acuerdo tiene el templo de Dios con los ídolos? Porque nosotros somos el templo del Dios vivo, como Dios dijo: Habitaré en ellos, y andaré entre ellos; y seré su Dios, y ellos serán mi pueblo.* (2ª Corintios 6:14–16)

Esta es la Palabra de Dios, y no puedes cambiar lo que dice la Palabra de Dios, solo para que puedas hacer las cosas de la manera que te gustaría hacerlas. La Biblia solo significa lo que dice. No puedes hacerla decir algo que es diferente.

Años atrás, le fue prohibido a Alemania volver a armarse, como resultado de la Primera Guerra Mundial. Pero cuando Hitler llegó al poder, él rearmó a la nación en forma secreta. El abrió fábricas, diciendo que eran fabricas de carreolas para bebés, siendo que en realidad eran fabricas de ametralladoras.

Había un hombre en una de estas fábricas de carreolas, cuya esposa estaba embarazada. El quería una carreola para bebé, así que el convenció a varios de sus amigos, que trabajaban en diferentes secciones de la fábrica, para que se robaran partes, para que

El plan de Dios para el matrimonio de Su pueblo, es que ambos deben de estar en yugos semejantes, creyentes con creyentes.

él pudiera armar una carreola en su hogar. Sus amigos cooperaron con él. Un día, varios de sus amigos, encontraron al hombre en la calle, y se veía muy confundido. "¿Cuál es el problema?" Le preguntaron. "Bueno", él dijo, "Yo arme todas las partes dos veces, pera cada vez, lo que resulta, ¡es una ametralladora!"

Así es la Biblia. La Biblia solo significa lo que dice. No puedes hacer que signifique algo diferente. Cuando Jesús estableció las condiciones para el pacto, fue el final del asunto. No existe otra manera. El plan de Dios para el matrimonio de Su pueblo, es que ambos deben de estar en yugos semejantes, creyentes con creyentes.

Aquí pongo una lista de preguntas que te puedes hacer, acerca de tu pareja potencial, para asegurarte que él o ella son cristianos consagrados y dedicados a Dios.

- ¿Acaso él o ella ama a Dios más que a mí?
- ¿Acaso él o ella ama a Dios más que a sí mismo?
- ¿Acaso él o ella testifica con la seguridad de que es nacido o nacida de nuevo del Espíritu de Dios?
- ¿Acaso él o ella lee la Biblia regularmente, y sabe lo que la Biblia enseña?
- ¿Acaso él o ella asiste regularmente a la iglesia, donde es predicada la Palabra de Dios?
- ¿Acaso él o ella le gusta hablar acerca de las cosas espirituales? *"Porque de la abundancia del corazón habla la boca"* (Mateo 12:34).

- ¿Acaso él o ella tiene una vida limpia y pura?
- ¿Acaso él o ella tiene un verdadero deseo de llevar a otros al Señor Jesús, para que sean salvos?
- ¿Acaso él o ella ha recibido el Bautismo en el Espíritu Santo?

Si la respuesta a varias de estas preguntas es "no", entonces, no estás escogiendo la pareja correcta. Si tú eres un cristiano o cristiana lleno del Espíritu Santo, y te casas con alguien que no es un verdadero creyente—y por lo tanto, no pueden compartir esas experiencias espirituales—van a suceder dos cosas: primero, vas a sufrir mucho dolor y pena en tu corazón; y en segundo lugar, no vas a poder servir al Señor tan eficientemente como lo podrías hacer si te hubieras casado con un verdadero creyente.

Tal vez estás pensando, "me puedo casar con una persona que no es creyente, y después puedo convencerla o convencerlo de que se vuelva cristiano". ¡Pero hacer esto es una tontería! Sobre todas las cosas, un cristiano es una persona que obedece a Dios.

Por lo tanto, estás planeando desobedecer a Dios por medio de casarte con una persona que no cree en Dios, para tratar de persuadir a esta persona a que obedezca a Dios (si se vuelve cristiano o cristiana). ¡Vas a tratar de convencer a esa persona que obedezca a Dios, cuando tú mismo estás desobedeciendo a Dios! ¿Cómo esperas que tal cosa pueda funcionar?

Una joven llevo a un joven varón a ver al pastor y dijo, "Este es el joven con quien me voy a casar".

"¿Acaso es cristiano?" preguntó el pastor.

"Todavía no", dijo la joven, "pero le voy a ayudar a que se convierta, después de que nos hayamos casado".

"Antes de que tomes esa decisión, me gustaría que me hicieras un favor", dijo el pastor. Él apuntó a una mesa que se encontraba en ese lugar y dijo, "Súbete a esa mesa y quédate ahí por un rato". La joven lo hizo. "Ahora", dijo el pastor, "extiende tu mano hacia este muchacho, y trata de levantarlo junto a ti, hacia la mesa donde estás parada". Entonces el pastor volteó hacia el muchacho y le dijo, "Trata de jalar a esta muchacha hacia abajo contigo".

En pocos momentos, la muchacha estaba en el piso junto al joven muchacho. "Esto es lo que va a suceder cuando ustedes se casen", dijo el pastor. "Tú no vas a poder levantarlo a tu nivel, sino que él te va a bajar a su nivel".

Así sucede cuando un cristiano se casa con una persona que no es cristiana. Siempre es más fácil para el incrédulo hacer que el cristiano caiga, en lugar de que el cristiano convierta al incrédulo.

Aquí hay varias cosas que debes recordar cuando escojas una pareja:

Recuerda que el matrimonio no cambia el carácter de una persona. Si esa persona tenía mal carácter antes de casarse, va a seguir teniendo el mismo mal carácter después de casarse.

Recuerda que el matrimonio es para toda la vida. Si compras una playera defectuosa o un vestido que no te queda bien, se pueden desgastar o puedes ir a comprar otro. Pero si te casas con el hombre o con la mujer equivocados, tú no puedes cambiar a esa persona.

Te has entregado a esa persona por el resto de tu vida.

Recuerda que cuando tienes sentimientos muy fuertes acerca de una persona o de una cosa, no es fácil encontrar la voluntad de Dios acerca de esa persona o cosa. Por lo tanto, antes de que tus sentimientos sean demasiado fuertes para que los puedas controlar, primero, debes orar sosegadamente, diciéndole al Señor, "Jesús, Salvador mío, escoge mi pareja para esta vida. Que sea hecha Tu voluntad y no la mía, en mi vida".

La Importancia de la Pureza

Una de las mejores cosas acerca de la provisión de Dios para el matrimonio, es que, al insistir en el pacto y en el compromiso como la vía para el matrimonio, Dios ha provisto la protección necesaria para evitar que nadie sea explotado o traicionado.

En 1ª Tesalonicenses 5:23, tenemos la revelación bíblica de la personalidad humana completa. Se encuentra contenida en una oración de Pablo por los creyentes, a quienes les escribe, diciendo:

*Y que el mismo Dios de paz os santi-
fique por completo; y que todo vuestro ser, espíritu, alma y cuerpo, sea
preservado irreprensible para la venida de nuestro Señor Jesucristo.*

(1ª Tesalonicenses 5:23)

Debes notar las palabras *"por completo"*
y *"que todo"*. Pablo está hablando acerca del
conjunto total de la personalidad humana,
y la presenta en tres elementos. *"y que todo
vuestro ser, espíritu, alma y cuerpo, sea preservado irreprensible"*. Por lo tanto, esta es
la revelación bíblica del conjunto total de
la personalidad humana. Consiste de tres
elementos: el espíritu y el alma, que son la
naturaleza interna; el cuerpo, que es la naturaleza externa y visible.

Cualquier mujer que se da la libertad
de tener relaciones sexuales con un hombre,
sin que ese hombre haga un compromiso
de pacto con ella, en realidad está prostitu-
yendo toda su personalidad pro completo, su
espíritu, alma y cuerpo. No estoy hablando
en términos de moralidad sexual; Estoy diciendo que, de hecho, esa mujer está profa-
nando la cosa más preciosa que tiene. Está

exponiendo su personalidad a alguien que no está dispuesto a pagar el precio que Dios requiere. Lo mismo sucede con un hombre que tiene relaciones sexuales con una mujer con no ha contraído un pacto.

Algunas veces yo veo al pasado, a mi primer matrimonio, y pienso en la forma como Lydia y yo estábamos conociéndonos más profunda e íntimamente, de manera continua. Nuestro matrimonio creció más completo y más profundo, mientras más tiempo transcurrió. Nuestra relación no dependió solamente de la manera como platicábamos uno con el otro, ni solo en nuestras relaciones sexuales; fue el total y completo conocer de una persona hacia la otra. Ese fue un regalo asombroso de parte de Dios para nosotros. Mi oración es para que Él te traiga una pareja con quien tú puedas tener éste mismo tipo de relación de pacto.

Una Visión para el Futuro

Yo creo que Dios es quien debería tomar la decisión acerca de que un hombre necesita una esposa. Creo que Dios debería ungir a la mujer que Él ha preparado para el hombre. Creo que Dios debería traer a esa mujer hacia el hombre. Y creo que Dios tiene que determinar el propósito y la naturaleza de su relación. Nunca vivas por debajo del nivel de lo mejor de Dios.

Cuando Lydia murió, fue como si alguien hubiera despedazado todo mi interior. No hay manera de expresar la agonía que sentí. Sin embargo, usted tiene que darse cuenta que si desea lo bueno, también tiene que soportar lo que esto lleva consigo. Mientras más ames a una persona, más la vas a extrañar cuando se vaya.

 Nunca vivas por debajo del nivel de lo mejor de Dios.

Le dije al Señor que estaba dispuesto a seguir viviendo como un soltero, si podía servirlo mejor de esa manera. Yo fui totalmente sincero. Después de haber estado soltero por cerca de dos años, llegué a la conclusión de que moriría siendo viudo.

En 1977, fui a Israel con un maravilloso grupo de hombres verdaderamente interesantes. Decidí quedarme una semana adicional en Israel, para buscar el propósito de Dios para mi futuro, especialmente, considerando si debía trabajar nuevamente en Israel, completando mi llamado original para esas tierras.

En el curso de esa semana, fui a visitar una misión que distribuía mi literatura a través de todo Israel en hebreo y en árabe, así como en muchos otros idiomas. Recibí una carta de un hermano encargado de la misión, y al fondo de la carta, su secretaria había añadido una nota escrita a mano diciendo, "Su ministerio significa mucho para mí". Así que, pensé, que también haría la cortesía de ver a esta secretaria y expresarle mi agradecimiento. Yo siempre trato de mostrar mi agradecimiento a la gente que me muestra cualquier tipo de consideraciones.

Cuando llegué a sus oficinas, me dijeron que la secretaria se había lastimado la espalda, y estaba descansando en su apartamento, Miré a David Rose, que había venido conmigo, y pensé, *si existe una cosa para lo cual puedo ayudar, es orar por las personas que tienen problemas con la espalda.* Le dije,

"Si tú quieres David, podemos ir y orar por ella".

Nos dieron la dirección, y David y yo nos perdimos muy pronto por las calles de Jerusalén. Él manejaba la camioneta, y yo le dije, "David, debemos dejar de intentar esto. Tal vez, Dios no quiere que vayamos ahí". Justo en ese momento, nos dimos cuenta que estábamos afuera de la casa de la secretaria.

Fuimos dentro, y ahí estaba Ruth, descansando en el sofá. David y yo hablamos con ella por un rato, y entonces oramos por ella. Ella tenía una curvatura espinal desde muchos, pero muchos años atrás. También tenía un disco roto. Aunque no fue sanada en ese instante, ha sido sanada desde entonces. Fue una buena visita, y yo estaba contento de que habíamos ido a orar por ella.

En mi último día en Israel, fui a la cama, y tuve la noche más extraña de mi vida. Me levanté a las seis de la mañana, y no había dormido ni por un solo momento. Toda la noche el Señor había estado tratando conmigo acerca de Sus propósitos para mi vida. Su llamamiento, y las promesas que Él me había dado. Él me dijo muy claramente, "Cada promesa que te he dado, se cumplirá, si tú crees en Mí, y si me obedeces". Entonces tuve una visión.

> "*Cada* promesa que te he dado, se cumplirá, si tú crees en Mí, y si me obedeces".

Ví la carretera zigzagueante que lleva a de regreso a Jerusalén, a la parte antigua de la ciudad, que está del lado Sudeste. Sentí que me estaba llevando a donde se suponía que yo debía de estar. De forma extraña, justo al comienzo de esa carretera, estaba ésta mujer, sentada, y vestida con un vestido color verde. Yo conocía a esta mujer. Era la secretaria que había visitado, y por la cual habíamos orado. Dios me dijo en forma muy clara, que el primer paso en mi regreso a Jerusalén era casarme con esa mujer. Yo no sé cómo tú creas que fue mi reacción, pero te puedo decir, que me sentía muy alterado. Yo pensé, *Señor, yo no amo a esa mujer. ¿Acaso me estás pidiendo que me case con alguien a quien no amo?*

Decidí no decir nada a nadie acerca de éste asunto. En lugar de eso, oré acerca de ello por un mes. Mientras más oraba, más me convencía de que esto era la voluntad de Dios.

Pensé que debía hacer algo al respecto, así que escribí una carta a esta dama, diciéndole que debía visitar el ministerio de David Rose en la ciudad de Kansas, si alguna vez venía a los Estados Unidos. ¡Ella recibió la carta, solo tres días antes de su fecha de salida, que ya tenía, para viajar a los Estados Unidos!

Así que nos encontramos en la ciudad de Kansas. El Señor abrió puertas, y nos permitió compartir un poco de tiempo, en la casa de David Rose, y una noche, justo antes de tener una reunión, Ruth vino a mi cuarto y me dijo, "Quiero hablar contigo. Necesito tu consejo".

Debido a que todavía tenía un disco roto en su espalda, a ella no le gustaba sentarse en una silla, así que se sentó en el piso, recargándose contra la pared. A medida que se sentó ahí, la pude ver en la misma exacta posición que Dios me había mostrado en la visión. Cuando ella comenzó a hablarme, me sobrecogió un amor increíble por ella. ¡Realmente, era como una electricidad! Yo estuve tentado a decirle todo a ella. Sin embargo, no quise asustarla. Además, como un predicador muy conocido, yo pensé que debería obtener consejos adicionales, antes de brincar y meterme en cualquier otra cosa.

La visita de Ruth llegó a su fin. Ella se iba a regresar a Israel. Yo iba a ir a Sudáfrica. Yo planeé hacer una escala en Jerusalén, solo para descansar un poco. Así que hicimos planes para vernos en Israel para la fiesta del Yom Kippur. Para ese entonces, el señor ya había comenzado a hablarle a ella también. Sin que yo le dijera nada, Dios le mostró que Él quería que ella se casara conmigo.

Cuando nos vimos otra vez, yo le dije a Ruth lo que el Señor me había mostrado acerca de ella. Hablamos por horas y horas. En el transcurso de dos días, yo me enamoré profundamente de ella. Ella era el regalo de Dios para mí.

Ahora, yo no estoy diciendo que no te puedes casar, a menos que tengas una visión de Dios. No les sucede así a todas las gentes. Pero necesitas estar seguro o segura, de que la pareja que escoges, es la que Dios ha escogido para ti. Necesitas dejar que Dios sea quien arregle tu matrimonio. Si Él me dirigió a la mujer correcta dos veces en esta vida, ciertamente, Él puede dirigirte hacia tu futura pareja.

Dos Juntos

Más valen dos que uno solo, pues tienen mejor remuneración por su trabajo.

Porque si uno de ellos cae, el otro levantará a su compañero; pero ¡ay del que cae cuando no hay otro que lo levante! Además, si dos se acuestan juntos se mantienen calientes, pero uno solo ¿cómo se calentará? Y si alguien puede prevalecer contra el que está solo, dos lo resistirán. Un cordel de tres hilos no se rompe fácilmente.

(Eclesiastés 4:9–12)

Esto es muy cierto y maduro, ¿no le parece? El matrimonio, además de ser una hermosa ilustración del pacto de relación que Dios quiere tener con nosotros, es muy práctico en sí mismo.

Una esposa es un regalo muy hermoso de parte de Dios—es como un sistema de apoyo sancionado por Dios, que hace nuestra vida mucho más fácil.

> *Debes* enfocarte en llegar a ser el hombre o la mujer que Dios quiere que seas, para que puedas convertirte en una bendición para tu futura pareja.

Debes confiar en Dios para que te dirija hacia tu mujer de Proverbios 31. Ella está por ahí en algún lado. ¡Dios me guió a dos mujeres de ese tipo durante mi vida! Y también existen muchos hombres dedicados a Dios que andan por ahí.

Mientras tanto, debes enfocarte en llegar a ser el hombre o la mujer que Dios quiere que seas, para que puedas convertirte en una bendición para tu futura pareja. Después de mi vida en Cristo Jesús, la más grande bendición en mi vida, ha sido el privilegio de haber estado casado en dos ocasiones con mujeres muy capaces, industriosas, y muy inteligentes.

Yo no tuve que buscar a ninguna de estas mujeres. Cuando se trata de intelecto, estoy por encima del promedio común. Pero cuando se trata de juzgar a las personas, tengo mucho problema para poder discernir el verdadero carácter de una persona. Le doy gracias a Dios que nunca me permitió escoger una esposa por mí mismo. Él me mostró en forma muy clara y específica con quien yo me tenía que casar.

Ahora, tal y como lo dije anteriormente, Dios, tal vez no te de una visión, como Lo hizo por mí. Pero sé que Dios te ha dado las pautas o directrices que necesitas para hacer una buena elección. Oro para que seas guiado por el Espíritu Santo y por la enseñanza de la Palabra de Dios, en cada decisión que hagas con relación a una pareja. Recuerda, Dios creó al hombre y a la mujer, inventó el matrimonio, y fue quien arregló el primer matrimonio de toda la raza humana. Confíale ésta área de tu vida, ya sea que Él haya dispuesto que te vas a casar, o que no te vas a casar, y tú nunca acabaras desilusionado.

Capítulo 5
La Unión con Dios

CAPÍTULO 5

La Unión con Dios

El pacto matrimonial no es solamente sagrado por sí mismo. Es sagrado porque representa otras relaciones de gran importancia espiritual. La primera y la más importante de éstas es la relación que Dios desea tener con Su pueblo.

Dios, el Esposo de Su Pueblo

Dios compara Su relación con Israel a la de un esposo con una esposa en varios pasajes del Antiguo Testamento. Dios sigue esta relación hasta tiempo atrás, al pacto que Él hizo con Israel en el Monte Sinaí, después que Él los había sacado de Egipto. Así que, la relación de Dios como marido con Israel, igual que la relación humana de un hombre con su esposa, está basada en un pacto en el que Dios entró cuando Él los tomó como

Su pueblo. Esto es mostrado claramente en Jeremías:

> *He aquí que vienen días, dice Jehová, en los cuales haré nuevo pacto con la casa de Israel y con la casa de Judá. No como el pacto que hice con sus padres el día que tomé su mano para sacarlos de la tierra de Egipto; porque ellos invalidaron mi pacto, aunque fui yo un marido para ellos, dice Jehová.* (Jeremías 31:31–32)

Dios dice aquí que cuando Él sacó a Israel de Egipto e hizo un pacto con ellos, Él entró en la relación de un marido para ellos. Sin embargo, por infidelidad e idolatría, Israel violó su convenio y perdió su derecho a esta relación con Dios como su marido. No obstante, en lugar de finalmente rechazar a Israel por su infidelidad, Dios aquí declara que, al fin de esta era, Él hará un nuevo pacto con ellos, y así una vez más se volverá su marido.

En Oseas 3:1, encontramos nuevamente la relación de Dios con Israel ilustrada como la de un esposo con su esposa:

> *Me dijo otra vez Jehová: "Ve, ama a una mujer amada de su compañero,*

*aunque adúltera, como el amor de
Jehová para con los hijos de Israel,
los cuales miran a dioses ajenos, y
aman tortas de pasas".*

Por su continuo amor por su esposa
Gomer, a pesar de su infidelidad, el profeta
Oseas se convierte en un tipo de Dios en su
continuo amor por Israel como su marido,
que no cesa aunque ellos han sido persisten-
temente infieles en su parte de la relación.

En Oseas, como en Jeremías, hay un
promesa profética, de que Dios en el futuro
retornará Israel al pacto con Él, y así res-
taurará Su relación con ellos como su marido. Dios declara:

*"En aquel tiempo", dice Jehová, "Me
llamarás Ishi* [mi Marido], *y nunca
más me llamarás Baali* [mi Señor]".
(Oseas 2:16)

Entonces, en Oseas 2:18, Dios habla del
nuevo pacto que Él hará con ellos. En los
versos 19 y 20, Él dibuja el resultado de este
pacto como la restauración de Su relación
matrimonial con ellos:

*Y te desposaré conmigo para siem-
pre; te desposaré conmigo en justicia,*

juicio, benignidad y misericordia. Y
te desposaré conmigo en fidelidad, y
conocerás a Jehová. (Oseas 2:19–20)

Hay una importancia especial en la declaración al final del verso 20: *"y conocerás a Jehová".* Nosotros ya hemos visto que, en lo natural, el pacto conduce a un hombre y a una mujer en una unión en la que ellos vienen a conocerse el uno al otro, como nunca hubiesen podido conocerse, de no haber sido por un compromiso de este tipo. Aquí el principio se aplica a la relación restaurada de Israel con Dios. A través de su compromiso del pacto, ellos vendrán a "conocer a Jehová" como ellos no lo habían conocido antes.

Cristo santifica Su iglesia,
para que pueda presentarla
como la novia que es
presentada a su marido.

Brevemente, entonces, nosotros podemos resumir la ilustración del Antiguo Testamento de la relación de Dios con Israel como sigue: El pacto que Dios hizo con

Israel en el Monte Sinaí, es visto como el establecimiento de una relación matrimonial entre Dios e Israel, a través de la cual, Él se convirtió en su esposo. Como consecuencia, por la infidelidad y la idolatría, Israel violó el pacto, y perdió su derecho a esta relación. Dios no rechazó a Israel finalmente en esta historia, ni hizo cesar Su amor por ellos. Por consiguiente, Su último propósito es establecer un nuevo pacto con ellos a través del cual, Él entrará una vez más en la relación de esposo con ellos.

Este nuevo pacto, contrario al primero, será eterno. Nunca será violado. A través de él, Israel vendrá a conocer al Señor con una profundidad de intimidad totalmente nueva, como ellos nunca habían experimentado.

El Nuevo Testamento quita el velo de la naturaleza de este nuevo pacto completamente. No estará basado en el sacrificio de animales, sino en la muerte expiatoria de Jesucristo, el Hijo de Dios. Éste es el pacto a través del cual, todos aquellos de cualquier raza o trasfondo que reconocen a Jesús como Salvador y Señor, ya han entrado. Consistente con el modelo ya establecido en el Antiguo Testamento, este nuevo pacto en Cristo, es contemplado, trayendo a los creyentes a una relación con Dios, que es análoga a la relación matrimonial entre el esposo y la esposa.

En Efesios 5:25–33, Pablo dice que Cristo redime y santifica a Su iglesia, con el objetivo de que ésta pueda presentarse ante Él como una novia se presenta ante su marido, *"santa y sin mancha"*. Pablo prosigue para aplicar esta verdad de una manera práctica, a la relación natural entre el marido y esposa, pero él cierra diciendo: *"Grande es este misterio; mas yo digo esto respecto de Cristo y de la iglesia"*. En otras palabras, la relación entre Cristo y la iglesia es análoga a aquella entre un esposo y su esposa.

Un Espíritu con Dios

En 1 Corintios, Pablo aplica este cuadro no solamente a la relación de Dios con Su pueblo como un conjunto, sino también a la relación que Dios desea tener con cada creyente individual:

> *¿O no sabéis que el que se une con una ramera, es un cuerpo con ella? Porque dice: Los dos serán una sola carne. Pero el que se une al Señor, un espíritu es con él.* (1 Corintios 6:16–17)

Como de costumbre con los escritores de la Biblia, Pablo es muy franco. Él está hablando sobre la unión sexual entre un hombre y una mujer. Él dice que un hombre que tiene relaciones sexuales con una ramera se hace a sí mismo un cuerpo con ella. Entonces él continua para decir que un creyente puede tener un tipo similar de unión con Dios, en el que él se vuelve un espíritu con Dios. Pero la relación, a la que Dios invita a cada creyente, para tenga con Él, es precisamente paralela, en el plano espiritual, a la unión sexual que, en el plano físico, un hombre puede tener con una mujer.

La única entrada para la intimidad, que viene de la comunión con Dios, es por medio del compromiso de pacto.

En el capítulo tres, hemos visto ya la diferencia esencial entre la unión matrimonial, que es pura y santa, y la fornicación que es pecadora. La diferencia es que la unión matrimonial está precedida por un compromiso del pacto mutuo por parte del hombre y de la mujer. Por otro lado, en la fornicación, un hombre y una mujer buscan satisfacción sexual en el otro, sin desear hacer un compromiso de pacto el uno con el otro.

El lenguaje que Pablo usa en 1 Corintios 6:16–17 claramente nos justifica la aplicación de este principio, a la relación entre Dios y el creyente. Dios desea unión espiritual con cada creyente. Al mismo tiempo, sin embargo, es cierto que Dios nunca violará Sus propias leyes. Él nunca será un participante de la "fornicación espiritual". Por consiguiente, la unión con Dios en este sentido depende en, y debe precederse por, un compromiso de pacto con Dios. Hasta que un creyente esté listo para hacer el compromiso total, sin reservas a Dios, que este pacto requiere, él nunca podrá tener esta unión espiritual completa con Dios, que es el propósito de la redención.

Anteriormente, examinando el Salmo 50:5, vimos cómo Dios define a Sus *"santos"*. Ellos son aquellos "que cortaron un pacto con

Él sobre la base de un sacrificio". La lección es la misma que en 1 Corintios 6:16–17. No hay ningún camino hacia la intimidad de la unión con Dios, que es la santidad, excepto, a través del compromiso del pacto. Sin tal compromiso, una persona nunca podrá ser verdaderamente un "santo". Nunca podrá estar verdaderamente unido con Dios.

La Puerta y el Pastor

La única entrada a una verdadera relación con Cristo Jesús, es, a través del pacto de Su sacrificio. ¿Estamos dispuestos? ¿Estamos listos para hacerlo? ¿Estamos listos para caminar el sendero de la criz?

Dios nos creó para que tengamos un deseo legítimo de Él, pero algunos de nosotros estamos tratando de llenar ese deseo en forma ilegítima.

Yo soy la puerta; si alguno entra por mí, será salvo; y entrará y saldrá y hallará pasto.

El ladrón sólo viene para robar y matar y destruir; yo he venido para que tengan vida, y para que la tengan en abundancia. Yo soy el buen

*pastor; el buen pastor da su vida por
las ovejas.*   (Juan 10:9–11)

¿Cómo es que Jesús puede ser ambas cosas, la Puerta y el Buen Pastor? ¿Alguna vez te has detenido a examinar la forma en que estas declaraciones pueden ser verdaderas? Existe una solución muy simple. Yo creo que Jesús crucificado es la Puerta—y no hay otra puerta—y Jesús resicitado es el Buen Pastor.

Si quieres al Jesús resucitado como tu Pastor personal, tienes que pasar por la Puerta, que es Cristo crucificado. No existe otro camino.

Ahora, Jesús dice que mucha gente—los ladrones y los robadores—tratan de treparse usando otras formas. Ellos están robando. Estan tratando reclamar u obtener bendiciones y provisiones a los cuales no tienen derecho.

Esto explica la condición patética de muchas personas en nuestras iglesias hoy en día. Ellos desean una relación con Dios. Ellos pueden incluso demandar semejante relación. Su deseo está incompleto; su demanda está injustificada. La razón es que ellos nunca han hecho ese compromiso solemne, sin reservas, personal con Dios, que es la única base en la que Él los recibirá en la relación que ellos desean.

Tales personas pueden tener de hecho "tomada una decisión" en una campaña evangelística. Ellos pueden haber pasado adelante en una iglesia, y pueden haber agitado la mano del pastor. Ellos incluso pueden haber pasado por un ritual religioso, como bautismo o confirmación. Pero todos estos actos—y muchos otros demasiado numerosos para listar—son de ningún provecho, a menos que ellos lleven a las personas a una relación de pacto con Dios, vital y comprometida. Faltando esto, no puede haber verdadera intimidad con Dios. Él no se compromete a Sí mismo con el no-comprometido.

El Propósito de la Vida Es Conocer a Dios

Para aquellos, sin embargo, que están deseando entrar en este tipo de compromiso de pacto con Dios, la recompensa es grande. Está bellamente expresado por las palabras que Jesús dirigió al Padre en Juan 17:3: "Y *esta es la vida eterna: que te conozcan a ti, el único Dios verdadero, y a Jesucristo, a quien has enviado".* Yo escuché una vez una paráfrasis del verso, "Y éste es *el propósito* de la vida eterna, que ellos puedan conocerlo a Usted, al único verdadero Dios". Aquí, de hecho, está el propósito principal de toda la vida—conocer al único verdadero Dios. De este conocimiento viene la vida eterna, vida divina, la vida del propio Dios, compartida con el creyente.

El propósito final de toda vida, es llegar a conocer al Único Dios Verdadero.

Sin embargo, el conocimiento de este tipo no es meramente intelectual. No es meramente teología o doctrina. No es conocer acerca de Dios. Es realmente conocer a Dios mismo—conocerle directa e íntimamente; conocerle como una Persona. Es una relación de persona-a-persona. Es una unión espiritual.

Conocer a Dios de esta manera, es precisamente paralelo, en el plano espiritual, a la manera en la que un hombre puede llegar a "conocer" a una mujer como su esposa, y una mujer puede llegar a "conocer" a un hombre como su marido. El uso en las Escrituras de la misma palabra para describir cada tipo de relación no es ningún accidente. Revela la similitud profunda, subyacente, que existe entre las dos relaciones. En lo natural, un hombre y una mujer nunca pueden de verdad "conocerse" entre sí, a menos que ellos hagan primero un compromiso de pacto sin reservas el uno con el otro. En lo espiritual, un creyente nunca puede de verdad "conocer" a Dios, a menos que él haya hecho primero un compromiso de pacto sin reservas con Dios. El mismo principio se aplica en cada plano: sin el pacto no puede haber ninguna unión; y sin el compromiso no puede haber ningún pacto.

¿Suena un compromiso de este tipo demasiado intenso para usted? ¿Demasiado íntimo? ¿Demasiado absoluto? Como último recurso, cada uno de nosotros debe tomar su propia decisión sobre esto. Pero déjeme decirle, yo mismo, nunca podría estar interesado en algún suplente religioso y aguado, en lugar de lo real y verdadero. Más bien, yo hago eco de las palabras de David:

> *Dios, Dios mío eres tú; De madrugada te buscaré; Mi alma tiene sed de ti, mi carne te anhela, En tierra seca y árida donde no hay aguas,*
> (Salmo 63:1)

Para el alma que está verdaderamente sedienta, puede haber sólo una fuente de esencial satisfacción: es el propio Dios. Detenerse en algo menos que la verdadera unión con Él, es perder el propósito real para vivir. Es permanecer frustrado e insatisfecho para siempre.

En Isaías 1:22, Dios dice al Israel rebelde, apóstata, *"Tu plata se ha convertido en escorias, tu vino está mezclado con agua"*. Lo mismo podría decirse a muchas iglesias hoy en día. Todo ha perdido su pureza, su verdadero carácter. Nos piden que aceptemos algo adulterado e impuro, una falsificación de lo real y verdadero.

En lo natural, si alguien fuese a ofrecerme vino diluido, con agua, mi respuesta sería, "¡Evítese usted mismo la molestia;

guárdelo todo por completo!" Pero hoy en la iglesia y en la sociedad, estamos mezclando todo con agua. Lo diluimos, lo aguamos, bajamos las normas. Nuestra plata ya no tiene su valor apropiado; nuestro vino ya no tiene su sabor adecuado.

En semejante clima espiritual, se requiere ser una persona de considerable carácter para no conformarse, con nada menos, que no sea lo mejor de Dios. Semejante persona debe estar deseando decir, "Otros pueden hacerlo de la manera que ellos gusten, yo lo haré a la manera de Dios. Yo quiero una relación real con Dios. Yo quiero un matrimonio que funcione, una casa que glorifique a Dios, niños que crezcan felices y seguros. ¡Sí, yo quiero estas cosas—y yo estoy deseando pagar el precio!"

Dios ha hecho el precio bastante claro: es un compromiso de pacto—en el plano vertical, con Dios mismo; en el plano horizontal, con nuestro compañero o compañera.

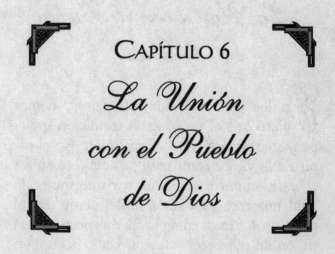

CAPÍTULO 6

La Unión
con el Pueblo
de Dios

Capítulo 6

La Unión con el Pueblo de Dios

En los dos capítulos anteriores, hemos visto que el pacto es la condición indispensable para la verdadera unión. En el capítulo 3, vimos cómo este principio se aplica a la unión entre un hombre y una mujer, la cual nosotros llamamos matrimonio. En el capítulo 4, vimos cómo también se aplica a la unión de cada creyente con Dios, la cual en el plano espiritual es análoga a la unión matrimonial. En este capítulo, examinaremos cómo el mismo principio también se aplica a otra relación de importancia vital: las relaciones dentro del pueblo de Dios.

El Pacto Hace un "Pueblo"

En el Antiguo Testamento, encontramos que desde el momento en que Dios entró en un pacto con Abraham, sus descendientes (a través de la línea de Isaac y Jacob) fueron apartados de todos los otros miembros de la raza humana. Desde ese momento en adelante, ellos fueron conocidos como *"la descendencia de Abraham"* (2 Crónicas 20:7). Sin embargo, el resultado del propósito de Dios, requería que el pacto se estableciera una segunda vez, no con Abraham individualmente, sino con todos sus descendientes colectivamente. Esto tuvo lugar en el Monte Sinaí después del Éxodo. Después de esto, ellos fueron designados por un nuevo título en la forma singular: un pueblo (Hebreo *'am*). Esto indicó que a través de la entrada en el pacto ellos se convirtieron en una nueva unidad colectiva.

El proceso por el que Dios entró en Su pacto con Israel se describe en Éxodo, empezando en el capítulo 19. Aquí, Dios declara el propósito para el que Él está trayendo a Israel en una relación de pacto con Él:

Ahora, pues, si diereis oído a mi voz, y guardareis mi pacto, vosotros seréis mi especial tesoro sobre todos los pueblos; porque mía es toda la tierra. Y vosotros me seréis un reino de sacerdotes, y gente santa. Estas son las palabras que dirás a los hijos de Israel. (Éxodo 19:5-6)

Nosotros necesitamos entender que, desde aquel momento, Israel fue apartado para Dios como un pueblo especial, no por la rectitud de ellos mismos, sino por el pacto que Dios hizo con ellos. Es importante ver que su santidad fue el resultado del pacto, no la razón para él. Para expresar esto de otra manera: Dios no entró en un pacto con Israel porque ellos eran santos; más bien, Él los hizo santos entrando en un pacto con ellos.

En nuestro capítulo anterior, nosotros vimos que sobre la base de este pacto, Dios asumió hacia ellos la relación y la responsabilidad de un marido. El pacto estableció una relación entre Dios e Israel, equivalente a la de un marido y una esposa. Les dio una relación única hacia Dios, de la misma manera que el matrimonio le da una relación única a una mujer hacia su marido.

Sin embargo, la única base en la que Israel tenía el derecho para continuar en esta única y especial relación con Dios era permanecer fiel al pacto. Por esta razón, Dios prefijó la declaración de Su propósito para ellos por la palabra *si*. "***Si** diereis oído a mi voz, y guardareis mi pacto, vosotros seréis mi especial tesoro sobre todos los pueblos...y gente santa*" (Exodo 19:5–6). La relación única, continua de Israel con Dios fue, por consiguiente, ligada a su vivir por los términos del pacto. Por esta razón, cuando Israel entró en la idolatría, sus profetas frecuentemente categorizaron su pecado como adulterio. Fue análogo al de una esposa que no permaneció en su compromiso matrimonial con su marido.

Es preciso un pacto (*b'rit*), para constituir un pueblo (*'am*).

Desde el momento en que Dios estableció este pacto con Israel, una distinción cuidadosa es hecha por los escritores del Antiguo Testamento en su uso de dos palabras hebreas relacionadas: *goy* (nación) y *'am* (pueblo). Todas las naciones, incluso Israel, son *goyim* (plural de *goy*)—"naciones".

Pero Israel sola también es *'am*—un "pueblo". Que solo Israel tuviese este título distintivo de entre todas las otras naciones es consecuencia de su única relación de pacto con Dios.

En el Nuevo Testamento, la misma distinción es mantenida por el uso de dos palabras griegas diferentes: *etnos* (nación), que corresponde al vocablo hebreo *goy*, y *laos* (pueblo) que corresponde al vocablo hebreo *'am*. La palabra griega *etnos*, en su forma plural *etne*, se traduce alternativamente *"naciones"* o *"gentiles"*. Es importante entender que la palabra gentiles normalmente no se refiere a las personas que no son cristianas, sino se refiere a las personas que no son Israelitas.

Este análisis de las diferentes palabras usadas tanto en hebreo como en griego para "pueblo" y "nación" ha sido necesario para establecer un principio básico vital de las Escrituras: es preciso un pacto (*b'rit*) para constituir un pueblo (*'am*). Un grupo étnico que no tiene ningún pacto colectivo con Dios es meramente una *"nación"*, pero un grupo étnico que tiene un pacto colectivo con Dios es, por ese hecho, un *"pueblo"*.

Relaciones de pacto: Vertical y Horizontal

Si regresamos una vez más al pasaje que empieza en Éxodo capítulo 19, donde Dios entra en un pacto con Israel, nosotros descubrimos un segundo principio relacionado: el mismo pacto que condujo a Israel a una relación única con Dios, también los condujo a una relación única entre sí. El propósito principal de los capítulos siguientes de Éxodo (capítulos 10 al 23) es definir las maneras prácticas y específicas en las que Dios les requirió, desde entonces, para relacionarse

> *Aquellas* personas que tienen una relación de pacto con Dio, necesariamente, también tienen una relación de pacto entre unos y otros.

los unos con los otros. Como miembros de un pueblo de pacto, ellos tenían obligaciones especiales para con ellos mismo, diferentes de las que tenían para con miembros de otras naciones, que no tenían ninguna relación de pacto con Dios o con Israel.

Podemos expresar este principio más generalmente como sigue: aquellos que tienen una relación de pacto con Dios, necesariamente, también tienen una relación de pacto entre sí. Las relaciones establecidas por un pacto, se extienden en dos direcciones: vertical y horizontal. El pacto que nos trae verticalmente la unión con Dios, debe traernos por necesidad, horizontalmente, la unión con todos los que han entrado en el mismo pacto con Dios. No tenemos ningún derecho para exigir los beneficios de la relación de pacto con Dios, mientras al mismo tiempo nos neguemos a aceptar nuestras obligaciones hacia aquellos que comparten el mismo pacto con Él. El mismo pacto que trae a los individuos a la unión con Dios, los trae entre sí, a la unión colectiva. Los establece colectivamente como un *"pueblo"* que es apartado de todas las otras unidades colectivas de la humanidad.

Estos principios acerca de pacto, establecidos en el Antiguo Testamento, permanecen inalterables en el Nuevo Testamento. Cuando Jesús celebró la última Cena con Sus discípulos, y compartió con ellos el pan y el vino, Él los trajo a una relación de pacto con Él, a través de ese acto. Después de que Él les había dado la copa y les había dicho a todos que bebieran de ella, Él dijo, *"esto es mi sangre del nuevo pacto"* (Mateo 26:28). Ellos no compartieron simplemente la copa del pacto con Él; ellos también la compartieron entre ellos. El mismo acto solemne que los condujo a un pacto con Jesús, al mismo tiempo, los condujo a un pacto de los unos para con los otros. Desde aquel momento, su relación de pacto no era meramente vertical, hacia Jesús; también era horizontal, hacia los otros.

Esto se confirma en 1 Corintios, donde Pablo está explicando la importancia de la Cena de Señor. Él enfatiza esta relación horizontal entre todos los que comparten del pan y la copa:

> *La copa de bendición que bendecimos, ¿no es la comunión de la sangre de Cristo? El pan que partimos, ¿no es la comunión del cuerpo de Cristo? Siendo uno solo el pan, nosotros, con ser muchos, somos un cuerpo; pues todos participamos de aquel mismo pan.* (1 Corintios 10:16–17)

Pedro también declara que el nuevo pacto en Cristo tiene el mismo efecto que el pacto anterior de Dios con Israel: establece a todos los que entran en él como una colectividad *"pueblo"*:

> *Mas vosotros sois linaje escogido, real sacerdocio, nación santa, pueblo adquirido por Dios, para que anunciéis las virtudes de aquel que os llamó de las tinieblas a su luz admirable;* [Pedro está citando las mismas palabras habladas por Dios a Israel en Éxodo 19:5–6] *vosotros que en otro tiempo no erais pueblo, pero que ahora sois pueblo de Dios; que en otro tiempo no habíais alcanzado misericordia, pero ahora habéis alcanzado misericordia.*
>
> (1 Pedro 2:9–10)

A la luz de esto, deberíamos ser mucho más circunspectos de lo que la mayoría son, acerca de cómo y con quién tomamos la comunión. Al decir esto, no estoy promoviendo que se cierren la puertas para una Santa Cena, celebrada solo en privado. Yo creo que todo cristiano tiene el derecho de participar de la Cena del Señor. Sin embargo, debemos ser muy cuidadosos de no comer y beber para condenación.

> *Por tanto, el que coma el pan o beba la copa del Señor indignamente, será culpable del cuerpo y de la sangre del Señor. Por tanto, cada uno examínese a sí mismo, y entonces coma del pan y beba de la copa. Porque el que come y bebe sin discernir correctamente el cuerpo del Señor, come y bebe juicio para sí.* (1ª Corintios 11:27–29)

Comemos y bebemos condenación, debido a que no discernimos el Cuerpo de Cristo. Esto significa que no discernimos el sacrificio que Jesús hizo por nosotros. Pero también significa que no discernimos a los otros miembros del Cuerpo de Cristo. Si comemos y bebemos, teniendo las actitudes incorrectas, y con malas relaciones, estamos comiendo y bebiendo condenación, y no la bendición que deberíamos tener. Pablo se extendió hasta el punto de decirle a la iglesia de los Corintios, *"Por esta razón hay muchos débiles y enfermos entre vosotros, y algunos duerme"* (Versículo 30). Es un asunto muy serio estar fuera del pacto y desunidos entre unos y otros.

Hemos visto ya en dos casos que el propósito final del pacto es la unión. El propósito del pacto matrimonial, es llevar a un hombre y a una mujer a una unión el uno con el otro. El propósito del pacto entre Dios y el creyente individual, es llevar al creyente a la unión con Dios. Este principio se aplica con igual fuerza al tercer caso—el pacto entre los creyentes. Su propósito es traer a todos los creyentes a la unión de los unos para con los otros.

> *El* propósito final del pacto
> es la unión.

Después que Jesús había compartido el pan y el vino del Nuevo Pacto con Sus discípulos, Él continuó para compartir con ellos el discurso íntimo registrado en Juan capítulos 14 hasta 16. Esta enseñanza llegó a su clímax con Su oración sumo-sacerdotal por ellos en Juan capítulo 17. Esta oración, a su vez, culmina con Su súplica al Padre por todos los que creen en Él, *"para que sean uno, así como nosotros somos uno"* (Juan 17:22). En este contexto, nosotros entendemos que esta súplica, constituye el resultado del pacto que Él había establecido con ellos más temprano esa tarde. El propósito final del pacto es una unión de la misma naturaleza y calidad como la que existe entre el Padre y el Hijo. Hasta que nosotros, como creyentes, hayamos entrado en esta unidad, no hemos cumplido nuestras obligaciones del pacto—sea hacia Cristo o hacia otros.

Hemos señalado que cuando Dios hizo Su pacto con Israel en el Monte Sinaí, Él explicó inmediatamente a los israelitas las obligaciones que el pacto impondría sobre ellos, en sus relaciones, y en su trato de los unos para con los otros. Estas obligaciones fueron fijadas, en términos específicos y prácticos, en Éxodo capítulos 20 al 23. De una manera correspondiente, el Nuevo Testamento fija, para todos los que entran en el Nuevo Pacto con Cristo, las maneras en las que les es obligado, por su compromiso del pacto, relacionarse entre sí. No es el objetivo de este libro examinar todas las obligaciones mutuas de los creyentes, en su relación de los unos para con los otros. Sin embargo, nosotros podemos formar un cuadro general de estas obligaciones escogiendo frases como *"cada uno"* o *"los unos a los otros"* dondequiera que ellas aparezcan en el Nuevo Testamento, y enlistando las diversas obligaciones mutuas que se indican en ellas.

Todos aquellos que han entrado en el Nuevo Pacto en Cristo les es requerido comportarse entre sí de las siguientes maneras:

- Lavarse los pies los unos a los otros (Juan 13:14)
- Amarse los unos a los otros (Juan 13:14, y en otra parte)
- Edificarse mutuamente (Romanos 14:19)
- Recibirse los unos a los otros (Romanos 15:7)
- Amonestarse los unos a los otros (Romanos 15:14, y en otra parte)
- Saludarse los unos a los otros (Romanos 16:16, y en otra parte)
- Servirse los unos a los otros (Gálatas 5:13)
- Sobrellevar las cargas los unos de los otros (Gálatas 6:2)

- Soportarse con paciencia los unos a los otros (Efesios 4:2)
- Perdonarse unos a otros (Efesios 4:32)
- Someterse unos a otros (Efesios 5:21)
- Enseñarse unos a otros (Colosenses 3:16)
- Alentarse los unos a los otros (1 Tesalonicenses 4:18)
- Exhortarse los unos a los otros (Hechos 3:13)
- Estimularse al amor y a las buenas obras (Hechos 10:24)
- Confesarse las ofensas unos a otros (Santiago 5:16)
- Orar unos por otros (Santiago 5:16)
- Hospedarse los unos a los otros (1 Pedro 4:9)
- Revestirse de humildad (1 Pedro 5:5)

Sólo en la medida en que nosotros, como creyentes, asumamos estas responsabilidades mutuas respecto a los otros, estaremos cumpliendo los términos del Nuevo Pacto.

Aunque las obligaciones del Nuevo Pacto están declaradas en forma diferente a las del pacto hecho en el Monte Sinaí, el principio básico es el mismo: aquellos que entran en un pacto con Dios son, por ese mismo acto, llevados a una relación de pacto entre sí. Las obligaciones de cada pacto se extienden en dos direcciones: verticalmente, entre las personas del pacto y Dios; horizontalmente, entre los miembros del pueblo del pacto.

Sólo la Muerte Valida el Pacto

Otro principio que se aplica universalmente en cada pacto es que el pacto sólo es válido sobre la base del sacrificio. Este principio general está declarado, como vimos en el capítulo 2, en Hebreos:

> *Porque donde hay testamento, es necesario que intervenga muerte del testador. Porque el testamento con la muerte se confirma; pues no es válido entre tanto que el testador vive.*
> (Hebreos 9:16–17)

En los próximos tres versos, el escritor de Hebreos aplica este principio específicamente al pacto entre Dios e Israel que fue mediado por Moisés en el Monte Sinaí:

> *De donde ni aun el primer pacto fue instituido sin sangre. Porque*

habiendo anunciado Moisés todos los mandamientos de la ley a todo el pueblo, tomó la sangre de los becerros y de los machos cabríos, con agua, lana escarlata e hisopo, y roció el mismo libro y también a todo el pueblo, diciendo: "esta es la sangre del pacto que Dios os ha mandado".

(Hebreos 9:18–20)

En cada caso, la muerte del sacrificio, representó la muerte de aquellos que entraron en el pacto. Los animales sacrificados por Moisés meramente recordaron a Israel, el principio de que el pacto sólo era válido a través de la muerte, y prefiguraban un tipo diferente de sacrificio, que no se había ofrecido todavía. Por otro lado, la muerte de Jesús en la cruz fue sustitutiva. Él murió como el representante personal de todos aquellos que entrarían en el pacto con Dios a través de Él. Jesús se identificó con cada uno en la muerte, para que cada uno pudiera identificarse a su vez con Jesús. Cuando esta identificación de doble sentido opera a través del compromiso continuo de cada creyente, la muerte de Jesús se vuelve, eficaz y experimentalmente, la muerte del creyente. Este principio es declarado claramente por Pablo en 2 Corintios:

> *Porque el amor de Cristo nos cons-triñe, pensando esto: que si uno murió por todos, luego todos murie-ron; y por todos murió, para que los que viven, ya no vivan para sí, sino para aquel que murió y resucitó por ellos.* (2 Corintios 5:14–15)

La conclusión de Pablo es a la vez clara y lógica. Se resume en las palabras, *"luego todos murieron"*. Si nosotros aceptamos la muerte de Cristo como nuestra muerte, entonces nosotros debemos *"considerarnos muertos al pecado"*. (Romanos 6:11). Por consiguiente, nosotros ya no somos libres para vivir para nosotros. Esto, también, tiene doble forma de aplicación: vertical-mente, hacia el Señor; horizontalmente, hacia el pueblo del Señor. Cuando el Señor y Abram entraron en el pacto el uno con el otro, cada uno voluntariamente abrogó el derecho de vivir sólo para sí mismo. Cada uno, por el "corte" del pacto, dijo, en efecto, al otro: "Ésa es mi muerte. Cuando yo entro en este pacto, yo entro por muerte. Ahora que estoy en el pacto, no tengo más derecho de vivir".

La misma relación que se estableció en aquella noche memorable, frente a frente, entre el Señor y Abram es reestablecida entre todos los que, a través de la muerte de Jesús, forman parte del pacto de los unos para con los otros. Cada uno de nosotros reafirma el pacto mutuo de que el Señor y Abram son el prototipo, el modelo original. Cada uno dice al otro: "Ésa es mi muerte. Cuando yo entro en este pacto, yo entro por muerte. Ahora que estoy en el pacto, no tengo más derecho de vivir".

En 1ª Juan, el resultado de la muerte que hace nuestro pacto válido, es aplicado por el apóstol específicamente a nuestra relación con los hermanos creyentes:

En esto hemos conocido el amor, en que él puso su vida por nosotros; también nosotros debemos poner nuestras vidas por los hermanos. Pero el que tiene bienes de este mundo y ve a su hermano tener necesidad, y cierra contra él su corazón, ¿cómo mora el amor de Dios en él? (1ª Juan 3:16–17)

La frase *"debemos"* expresa una obligación—que nosotros no podemos evadir si demandamos ser cómplices del mismo pacto. Cuando Juan habla acerca de poner nuestras vidas, él no está hablando solamente—o incluso principalmente—sobre sufrir muerte física. Él hace esto bastante claro, porque lo aplica a los bienes de este mundo, disponibles para nuestros hermanos creyentes en el próximo verso. Si nosotros no estamos deseando hacer esto donde hay una necesidad legítima, entonces nosotros no estamos deseando *"poner nuestras vidas"*. Poniendo nuestras vidas significa estar listo para compartir con nuestros hermanos y hermanas del pacto, lo que nosotros somos y lo que nosotros tenemos. Si nosotros no estamos deseando hacer esto, nuestro compromiso del pacto no es genuino.

El Nuevo Estilo de Vida—*Koinonia*

En el vocabulario griego del Nuevo Testamento, una palabra muy importante, describe el estilo de vida distintivo en el que nosotros nos iniciamos a través del Nuevo Pacto. Es *koinonia*. El sustantivo *koinonia* se deriva del adjetivo *koinos* (común). Literal y básicamente, *koinonia* es "teniendo en común". En la medida en que dos o más personas tienen las cosas en común, ellos tienen *koinonia*. Si existe algún área donde ellos no tienen cosas en común, en esas áreas ellos no tienen *koinonia*. Se dijo de la iglesia temprana en Jerusalén, *"tenían todas las cosas en común".* (Hechos 4:32). Eso era *koinonia.*

En la mayoría de las traducciones hispanas del Nuevo Testamento, *koinonia* se traduce *"comunión"*. Sin embargo, en algunas versiones no es traducido por una sola palabra, sino por una frase, tal como "estar en unión con" o "compartir la vida en común". Porque no hay una palabra que pueda expresar completamente su significado, en este capítulo continuaremos usando la palabra en su forma en griego, *koinonia.*

Koinonia es el resultado de la verdadera unidad. El ejemplo perfecto de *koinonia* es la relación entre Dios el Padre y Dios el Hijo. En Juan 10:30, Jesús dice, *"Yo y el Padre uno somos"*. Esta unidad entre el Padre y el Hijo es la base de su *koinonia*. Su resultado es descrito por Jesús en Juan 16:14–15, donde Él dice del Espíritu Santo, *"tomará de lo mío, y os lo hará saber"*. Pero luego inmediatamente explica,"*Todo lo que tiene el Padre es mío*". En otras palabras, Jesús dijo, "Tengo todo lo mío, no por mi propio derecho, sino sobre la base de mi unidad con el Padre".

En Juan 17:10, Jesús declara lo mismo de nuevo en Su oración al Padre: *"todo lo mío es tuyo, y lo tuyo mío"*. Esto es *koinonia* perfecta—el tener todas las cosas en común.

> *El* pacto es la puerta para la unidad.

En este sentido, el Evangelio es una invitación del Padre y el Hijo a todos los miembros de la raza humana, para compartir con ellos la koinonia perfecta que ellos comparten entre sí. En 1 Corintios 1:9, Pablo dice, *"Fiel es Dios, por el cual fuisteis llamados a la comunión [koinonia] con su Hijo Jesucristo nuestro Señor"*. Es importante distinguir entre "medios" y "fines". Tantas formas de actividad religiosa son "medios" en lugar de "fines". Ellos no son valiosos en sí mismos, sino sólo en la medida en que ellos nos permitan que logremos los "fines," qué por sí solos son valiosos en sí mismos. *Koinonia*, sin embargo, no es meramente un "fin". Es, de hecho, el fin supremo de toda la actividad religiosa valiosa.

Juan declara igualmente que el propósito final del Evangelio, es traer a todos los que responden a este mensaje a la mismo eterna *koinonia* que el Padre y el Hijo disfrutan entre ellos:

> *Lo que hemos visto y oído, eso os anunciamos, para que también vosotros tengáis comunión [koinonia] con nosotros; y nuestra comunión [koinonia] verdaderamente es con el Padre, y con su Hijo Jesucristo. Estas cosas os escribimos, para que vuestro gozo sea cumplido.* (1 Juan 1:3–4)

"Lo que hemos visto y oído" es el testimonio del testigo ocular de los apóstoles de Cristo, conservado para nosotros en las páginas del Nuevo Testamento. Estos versos, por consiguiente, descubren el propósito central, por el que Dios hizo que el registro del

evangelio fuese conservado y transmitido. Es que todos los que creen y obedecen, pueden tener la oportunidad de compartir en la perfecta, eterna *koinonia* que es el estilo de vida del cielo.

El Precio de la *Koinonia*

Sin embargo, la *koinonia* no es barata. Hay un precio que pagar. El costo es fijado a través de dos requisitos invariables. El primero es compromiso; el segundo es un estilo de vida que se llama *"andar en luz"* (1 Juan 1:7).

El pacto, como lo hemos visto, es la puerta a la unidad. Sólo aquellos que están deseando hacer un compromiso de pacto total, sin reservas, pueden llegar a la verdadera unida de uno para con el otro. Esto se aplica igualmente a la relación entre el marido y la esposa, entre el creyente y Dios, y entre los creyentes en comunión.

Después de esto, este compromiso funciona por medio de caminar en la luz. Juan dice, *"pero si andamos en luz, como él está en luz, tenemos comunión* [koinonia] *unos con otros"* (1 Juan 1:7). Andar en la luz es la única manera de experimentar la *koinonia*.

Dondequiera que la Escritura habla de *koinonia*, reconoce sólo una norma—la del propio Dios. Se expresa aquí por la frase, *"como él está en luz"*. Dios está deseando elevar a la humanidad a Su propio nivel de *koinonia*, pero Él no está deseando bajar la norma de *koinonia* al nivel de la norma de la humanidad no redimida—o incluso de la cristiandad apóstata.

Toda vez que existe, o que se le da la entrada, a la Deshonestidad, *falta* de sinceridad, o los motivos egoístas, la luz comienza a oscurecerse.

Al mismo tiempo, la frase "en la luz" pone límites a lo que se puede compartir en *koinonia*. Cualquier cosa que contradiga la ley divina en el ámbito moral o ético no está *"en la luz"*. Por el contrario, es oscuridad. Un ejemplo obvio está en el área de la relación sexual. Está de acuerdo con la ley divina para un marido y su esposa tener relación sexual entre sí. Esto está totalmente *"en la luz"*. Pero para cualquiera de ellos, el hecho de tener relación sexual con cualquier otra persona es contrario a la ley divina. No está más *"en la luz"*.

Sin embargo, sujeto a esta condición, caminar en la luz es una relación de total, continua honestidad y franqueza entre todos los que están en *koinonia*. Nada puede esconderse, falsearse o retenerse. La esencia de la relación es la misma, sea entre el esposo y la esposa, o entre un grupo de creyentes que están comprometidos unos con otros. Nosotros podemos resumir esto en las palabras que utilizamos en el capítulo 3, para describir la relación esposo/esposa: Es una apertura total, sin reservas, de cada personalidad a la otra.

Entonces, los límites de la *koinonia* son regidos a través de dos factores: la ley divina y la honestidad absoluta. La ley divina pone los límites; cualquier cosa que contradiga la ley divina no es ya más *koinonia*. Es la oscuridad, no la luz. Pero dentro de esos límites, la luz debe ser total y sin restricción. Dondequiera que esté insinuada la deshonestidad, la falta de sinceridad, o el motivo egoísta, la luz empieza a oscurecerse. La *Koinonia* ya deja de estar en el nivel divino.

¿Qué diremos nosotros de los cristianos que buscan comunión los unos con los otros, pero no están deseando reunir estos requisitos? Lógicamente, nosotros debemos decir lo mismo que diríamos de un hombre y una mujer que buscan una relación sexual, pero no están deseando reunir los requisitos para el matrimonio. El resultado que ellos logran no es *koinonia*, sino fornicación. Esto es igualmente verdadero, si está en el plano físico entre un hombre y una mujer, o en el plano espiritual entre cristianos, que buscan una relación permanente entre sí. Aquellos que se niegan a los requisitos de Dios son, por Sus normas, culpables de fornicación. El hecho de que existe semejante cosa como fornicación espiritual, es testificado por el Antiguo Testamento, cuyos profetas repetidamente culparon a Israel de este mismo pecado.

Los resultados de tal mal, las relaciones sin compromiso entre cristianos en un grupo, son muy similares a aquellas que resultan de una relación sexual incorrecta entre un hombre y una mujer. Ellos salen heridos, amargados, hay disputas, relaciones rotas, promesas incumplidas, y los anhelos insatisfechos. Cuando juzgamos por los resultados, nosotros nos vemos obligados a reconocer, que en muchas secciones de la cristiandad profesante hoy en día, hay evidencia muy pequeña de *koinonia*, pero hay evidencia muy abundante de venta al por mayor, de fornicación espiritual.

Nuestro propósito en este capítulo, ha sido establecer tan claramente como sea posible, el remedio bíblico para esta trágica situación. Este yace en el regreso a los requisitos de Dios: un compromiso de pacto que es practicado *"en la luz"*.

CAPÍTULO 7

El Punto de Decisión

CAPÍTULO 7

El Punto de Decisión

E n los capítulos anteriores, hemos tratado con tres de las relaciones más importantes que existen en la vida. En orden de prioridad, ellas son: nuestra relación personal con Dios, nuestra relación matrimonial (si estamos casados), y nuestra relación con el pueblo creyente en Dios. En cada una de estas áreas, hemos visto el tipo de relación que Dios ha hecho disponible para aquellos que creen en Él y le obedecen.

Quizás usted ha venido a comprender que ha estado viviendo en un nivel demasiado bajo en una o más de estas áreas. Usted está listo para trasladarse a un nuevo nivel, pero usted no está seguro cómo hacerlo. Permítame recordarle, por consiguiente, que en cada caso, usted encontrará que hay un requisito simple pero esencial. Es expresado por una palabra que nosotros hemos usado muchas veces en este libro: *compromiso*.

Compromiso con Dios

Permítame hablar primero sobre el área de su relación personal con Dios. Usted puede ser un visitante de una iglesia, o por lo menos tener un trasfondo eclesiástico. Puede estar familiarizado con las frases usadas por personas religiosas. Usted puede haber experimentado realmente momentos de levantamiento o inspiración cuando usted supo que Dios era real.

Alternativamente, usted puede ser una persona sin un trasfondo eclesiástico. Aunque usted no está adherido a ninguna religión definida, hay un hambre en su corazón que usted anhela satisfacer.

O nuevamente, usted puede no pertenecer a ninguna de estas categorías. Puede haber llegado hasta aquí por alguna otra ruta propia. Ese no es realmente el problema justo ahora. Lo que importa es que usted ha llegado a un punto donde usted anhela una relación íntima, personal con Dios—algo tan profundo y real, que usted nunca necesitará cuestionarlo de nuevo. Usted está listo, por consiguiente, para hacer un compromiso sincero, de corazón a Dios, a través de Jesucristo.

La manera natural en que usted puede hacer su compromiso, es por medio de la oración. De esta manera, usted expresa lo que está en su corazón; por medio de expresarlo en palabras, usted lo está considerando y confirmando seriamente. Usted hace de su compromiso algo muy específico. Una oración de este tipo es como cruzar un puente. Lo lleva a usted a nuevo territorio. Desde ese momento en adelante, usted no estará confiando en algo vago e indefinido en el reino oscuro de su mente. Después de orar, usted sabrá para que usted está comprometido. También sabrá cuando y donde usted hizo su compromiso. Su relación continua con Dios tendrá un punto de arranque definido de aquí en adelante— algo realizado en un punto de tiempo y espacio—un punto de decisión.

¡Mi consejo es que usted suelte el libro ahora mismo y ore! Si usted se siente capaz de orar en sus propias palabras, entonces hágalo así. Pero si usted encuentra eso difícil, he aquí una oración preparada que usted puede usar:

Dios,
Tu has puesto un deseo en mi corazón de conocerte de una manera real y personal. Aun cuando yo no entiendo todo totalmente, yo creo lo que la Biblia dice sobre Jesucristo: que Él llevó sobre sí mis pecados, murió en mi lugar, y resucitó de entre los muertos. En Su Nombre, yo te pido ahora que perdones todos mis pecados, y me recibas como Tu hijo. Sinceramente, y con todo mi corazón, yo me comprometo a Ti—todo lo que soy y todo lo que tengo. Tómame como soy, y hazme la persona que Tu quieres que yo sea. Yo creo que Tu has escuchado esta oración, y tu me recibes. Te doy gracias
En el Nombre de Jesús, Amén

Una vez que usted haya orado su oración de compromiso, no empiece a razonar o especular. En fe simple, tome a Dios por Su palabra. Él ha prometido recibirle, si usted viene a Él a través de Jesucristo. Agradézcale, por consiguiente, que Él ha hecho lo que Él prometió. ¡Siga agradeciéndole! Mientras más le agradece, más crecerá su fe.

Recuerda que el compromiso es una avenida de doble sentido. No solo estás comprometido con Dios; Él también está comprometido contigo.

De hoy en adelante, haga su objetivo principal el cultivar su nueva relación con Dios. Esto le dará una norma simple por la cual evaluar las diferentes influencias y actividades en su vida. ¿Fortalecen éstas su relación con Dios, o la debilitan? Haga sitio cada vez más para las cosas que la fortalecen; cada vez menos para aquellas que la debilitan. Específicamente, hay dos maneras de fortalecer la relación, y que son particularmente importantes.

Primero, de a conocer su compromiso conocido para aquellos que le rodean. Usted no necesitará ser agresivo o tomar un aire religioso. Pero cuando las oportunidades se presenten en el curso normal de la vida diaria, de a conocer su compromiso, de una manera callada pero firme, que Jesús está ahora por completo al mando de su vida.

Segundo, aparte un periodo de cada día para Dios. Emplee parte de ese periodo leyendo su Biblia, y parte orando—es decir, hablando con Dios de una manera sincera y natural. De esta manera, usted mantendrá una comunicación de doble sentido, continua con Dios. Cuando usted lee su Biblia, Dios le habla. Cuando usted ora, usted habla con Dios.

¡Probablemente usted no logrará "santidad" instantánea! Si usted de vez en cuando falla, no se desilusione. Simplemente reconozca sus fracasos ante Dios, y pídale que le perdone. *"Si confesamos nuestros pecados, él es fiel y justo para perdonar nuestros pecados, y limpiarnos de toda maldad"* (1 Juan 1:9). Si otras personas son afectadas por sus fracasos, usted puede necesitar también pedirles perdón. ¡Pero no se rinda! Recuerde, el compromiso es una calle de doble sentido. No sólo usted está comprometido con Dios;

Él también está comprometido con usted. ¡Y Él es omnipotente!

Compromiso con Su Pareja

La segunda área con la que hemos tratado—en orden de prioridad—es su relación con su compañero, esposo o esposa según sea el caso. (Por supuesto, si usted no está en la actualidad casado y no está esperando casarse, esta sección no lo involucra directamente).

Usted puede haber sido ya un creyente comprometido antes de que leyera este libro. O de nuevo, usted puede haber orado simplemente una oración de compromiso después de leer la sección anterior. Pero de cualquier modo, usted está ahora cara a cara, ante el hecho de que su matrimonio no es lo que debe ser. Quizás usted ha comprendido desde el primer momento lo que podría ser. Ha llegado a entender eso. Para los creyentes comprometidos, el matrimonio es *"un cordón de tres dobleces"*—un pacto entre usted, su compañero, y Dios. Pero se necesitará su compromiso personal para hacer este pacto eficaz, y así desatar en su matrimonio el elemento vital que se ha estado perdiendo hasta aquí: la gracia todopoderosa, sobrenatural de Dios.

Idealmente, usted y su compañero o compañera deberían hacer al mismo tiempo el compromiso, para con Dios y el uno con el otro. Sin embargo, a veces ocurre que una parte está lista antes que la otra. Así que si usted está listo, pero su compañero o compañera no lo está, haga su compromiso ahora, y confíe en Dios para traer a su compañero o compañera al mismo punto que usted ya ha alcanzado—el punto de decisión. Entonces, cuando eso pase, ustedes podrán renovar su compromiso juntos.

Si usted se siente capaz de orar en sus propias palabras, haga así. De otro modo, he aquí una oración preparada que usted puede usar para hacer un compromiso de pacto con su compañero ante Dios:

Dios Padre,
Vengo a ti en el Nombre de Jesús, mi Salvador y Señor. Yo te agradezco que Tu me has redimido a través de la sangre de Jesús y que yo te pertenezco a Ti. Te agradezco por mi matrimonio. Te agradezco por mi

compañero. En este momento, yo quiero comprometerme contigo, con mi matrimonio, y con mi compañero o compañera. Yo estoy listo, Señor, para poner mi vida y vivirla a través de mi compañero o compañera, buscando el bien de mi pareja antes que el mío propio, regocijándome en las bendiciones y el éxito de mi pareja, contándolo como mío, viviendo ahora en la vida de mi compañero o compañera. Dios Padre, acepta este compromiso en el Nombre de Jesús. Pon el sello de Tu Espíritu Santo sobre él. Bendice nuestro matrimonio y nuestra casa de una nueva manera a partir de hoy.

En el Nombre de Jesús, Amén

En nuestra sección anterior, "Compromiso con Dios," nosotros recomendamos ciertos pasos simples para hacer ese compromiso eficaz. En la mayor parte, los mismos principios se aplican al compromiso que usted ha hecho ahora con su compañero o compañera y su matrimonio.

En primer lugar, asegúrese de que sus prioridades están en el orden correcto. Es muy probable, que estas necesiten algunos ajustes. Después de su relación personal con Dios, la próxima área más importante de su vida es su matrimonio y su hogar. Evalúe sus diversas actividades de acuerdo a esto. Haga sitio cada vez más para aquellas que fortalecen su matrimonio y su hogar; cada vez menos para aquellas que tienen el efecto opuesto.

Con respecto a su relación personal con Dios, nosotros señalamos la necesidad de apartar tiempo para mantener comunicación de doble sentido con Él. Lo mismo se aplica a su relación con su compañero. La comunicación abierta, continua entre ustedes dos es vital. Tomará tiempo—más tiempo, probablemente, del que usted ha estado dedicándole a él o a ella. Recuerde, la manera en que usted administra su tiempo es la indicación más segura de sus prioridades reales. Usted puede decir que su matrimonio es importante para usted, pero si usted asigna cantidades desproporcionadas de tiempo a otras actividades, usted realmente está dándole a estas actividades prioridad por encima de su matrimonio.

Alguien acuñó el refrán, "La familia que ora junta permanece unida". Hay mucho de verdad en esto. Por treinta años, Lydia y yo oramos y leímos la Biblia juntos casi cada día—normalmente dos veces al día. A menudo, Dios nos habló de una manera muy íntima en estas ocasiones de comunicación con Él y entre nosotros. Ellas fueron uno de los factores principales en el éxito de nuestro matrimonio.

¡Debes trabajar para poder lograrlo! Sean pacientes uno con el otro.

A veces, he observado que el esposo y la esposa hallan difícil orar en voz alta en la presencia del otro. Parece difícil romper la "barrera del silencio". ¡Pero funciona! Sean pacientes el uno para con el otro. Los beneficios pesarán más que cualquier turbación inicial o sentido de extrañeza. Cuando usted y su compañero o compañera pueden hablar libremente con Dios en presencia el uno del otro, es prueba segura de que Dios realmente se ha vuelto un miembro de su familia—y eso es lo que Él anhela ser.

Una última palabra sobre este asunto. Nunca confíe nuevamente en su propio esfuerzo y habilidad para hacer su matrimonio exitoso. Ningún matrimonio puede ser en la vida lo que Dios quiere que sea, fuera de la gracia sobrenatural de Dios. El compromiso que usted ha hecho ahora con su compañero y su matrimonio, ha hecho esa gracia disponible para usted en una medida nunca antes conocida. ¡Dispóngase usted mismo para esto libremente! Dios nos ha dicho, *"Bástate mi gracia; porque mi poder se perfecciona en la debilidad"*. (2 Corintios 12:9). Usted verá la gracia y el poder de Dios a través de cada dificultad que se levante. Si usted se siente perplejo, desilusionado, confíe en Dios para una medida extra de gracia y poder, justo entonces y allí mismo. Espere verle trabajar— quizás, de maneras que usted nuca podría imaginar. Espere verle cambiar cualquier cosa que necesite ser cambiada—usted, su compañero, la situación completa. Él no le faltará a usted.

Compromiso con el Pueblo de Dios

La tercer área de relación que nosotros hemos tratado en este libro, es lo que hemos llamado *koinonia*—el compartir su vida con el pueblo de Dios. Para una verdadera realización espiritual, usted necesita este tipo de relación. Sin él, usted nunca podrá ser todo lo que Dios pretende que usted sea. Esto es igualmente verdad para personas solteras como para los matrimonios. Todos nosotros necesitamos ser parte de algo más grande que nosotros.

En 1 Corintios 12:13–27, Pablo compara a los creyentes individuales con las diferentes partes que constituyen un solo cuerpo. Él explica que ninguna parte puede funcionar eficazmente por sí misma. Cada una necesita a la otra. *"Ni el ojo puede decir a la mano: No te necesito, ni tampoco la cabeza a los pies: No tengo necesidad de vosotros"* (v. 21). Como creyentes individuales, nosotros podemos lograr sólo verdadero cumplimiento y totalidad, entrando en una relación comprometida con otros creyentes, de semejante manera que nosotros podamos, junto con ellos, funcionar como un solo cuerpo.

Una relación de este tipo no es opcional. Es esencial para el bien de nuestro propio ser espiritual. Permitámonos mirar más una vez un verso que se ha sido citado antes:

"pero si andamos en luz, como él está en luz, tenemos comunión [koinonia] unos con otros, y la sangre de Jesucristo su Hijo nos limpia de todo pecado" (1 Juan 1:7).

La palabra introductoria *"si"* nos confronta con dos hechos relacionados de experiencia espiritual. Primero, la evidencia primaria de que nosotros estamos andando en la luz es que nosotros tenemos *koinonia*

Ningún matrimonio puede llegar a la realización original de Dios si no cuenta con Su gracia sobrenatural.

con alguien más. Si nosotros no tenemos esta relación de *koinonia* con otros creyentes, normalmente es evidencia de que nosotros no estamos andando totalmente en la luz. Segundo, si nosotros no estamos en la luz de la *koinonia*, ya no estamos experimentando la limpieza continua de la sangre de Jesús, que exclusivamente puede guardarnos puros y libres de pecado.

Nuestra responsabilidad por la comunión regular con un grupo de creyentes comprometidos es declarada una vez más en Hebreos:

> *Y considerémonos unos a otros para estimularnos al amor y a las buenas obras; no dejando de congregarnos, como algunos tienen por costumbre, sino exhortándonos; y tanto más, cuanto veis que aquel día se acerca.*
> (Hebreos 10:24–25)

Aquí nuevamente, tenemos dos verdades relacionadas: la primera, nosotros somos responsables de estimularnos y animarnos unos a otros; la segunda, nosotros sólo podemos hacer esto si *"no dejamos de congregarnos"*. Esta última frase, obviamente, toma por hecho que todos nosotros estaremos relacionados con un grupo, que podemos llamar "nuestra propia congregación".

El paso esencial que nos lleva a este tipo de relación es el mismo que nos lleva a una apropiada relación con Dios o con nuestro compañero. Es el *compromiso*—no sólo con otro individuo, como quiera que sea, sino con un grupo que está unido en compromiso mutuo. Si usted ya ha hecho los primeros dos compromisos tratados en este capítulo—con Dios y con su compañero—usted debe continuar eso con esta tercera forma de compromiso—con un grupo de hermanos creyentes.

Desgraciadamente, no siempre es fácil, en la cristiandad contemporánea, encontrar un grupo que esté practicando un compromiso real, mutuo, en una base bíblica completa. Sin embargo, si usted reconoce ante Dios, su necesidad de identificarse con semejante grupo, y entonces sigue adelante para buscar diligentemente Su dirección, usted puede estar seguro de que Él le mostrará qué hacer. Recuerde que Dios ha prometido recompensar a aquellos que le buscan (vea Hebreos 11:6). Si usted es sincero y serio buscándole, usted recibirá su recompensa.

Como una pauta para reconocer el tipo de grupo que llenará su necesidad, he aquí nueve preguntas que usted debe hacer antes de que haga cualquier compromiso definido:

1. ¿Honran y exaltan al Señor Jesucristo?
2. ¿Respetan la autoridad de la Escritura?

3. ¿Dan libertad para que se mueva el Espíritu Santo?

4. ¿Exhiben una actitud calurosa y amistosa?

5. ¿Buscan ejercitar su fe en la vida diaria práctica?

6. ¿Construyen relaciones interpersonales entre ellos, que van más allá de meramente asistir a los servicios?

7. ¿Proporcionan cuidado pastoral que envuelve todas sus necesidades legítimas?

8. ¿Están abiertos a la comunión con otros grupos cristianos?

9. ¿Se siente usted a gusto y en casa, cuando está entre ellos?

Si la respuesta a todas o la mayoría de estas preguntas es "sí," usted está acercándose al punto de poder lograrlo. No obstante, continúe buscando a Dios hasta que usted reciba dirección definida de Él. Recuerde que usted no encontrará "el grupo perfecto". Además, aun cuando usted lo encuentre, no podrá unirse a él, porque después de que usted lo haga, ¡ya no sería más perfecto!

Finalmente, esta es una palabra de estímulo, pero también de advertencia:

Dios hace habitar en familia a los desamparados; Saca a los cautivos a prosperidad; Mas los rebeldes habitan en tierra seca.

(Salmo 68:6)

Si usted está "solitario," Dios le pondrá en un "hogar" espiritual—una familia de hermanos y hermanas cristianos, unidos entre sí en compromiso mutuo. Si usted es un "prisionero" de circunstancias o fuerzas de mal, Dios le liberará y le sacará a la libertad. Pero—y aquí está la advertencia—si usted es "rebelde," usted continuará *"habitando en tierra seca"*.

Finalmente, las únicas barreras que pueden impedirle encontrar el tipo de *koinonia* que usted necesita, serán sus propias actitudes internas de orgullo, egoísmo, o el individualismo inflexible. Pídale a Dios que le muestre si hay alguna barrera tal en su vida y, si ellas existen, que las destruya.

En el Salmo 27:4, David da una pronunciación del anhelo más profundo de su alma:

Una cosa he demandado a Jehová,
ésta buscaré; Que esté yo en la casa de
Jehová todos los días de mi vida.

(Salmo 27:4)

¿Expresan estas palabras de David el anhelo más profundo de su alma? ¿En ese caso, por qué no hace eco de ellas en su propia oración?

Una vez más, si usted se siente capaz de orar en sus propias palabras, hágalo. Pero si usted prefiere una oración preparada, usted puede usar la siguiente:

Señor,
Estoy solitario e insatisfecho, y lo admito. Anhelo *"estar en tu casa"*— para ser parte de una "familia" espiritual de creyentes comprometidos. Si hay alguna barrera en mí, te pido que la quites. Guíame a un grupo, donde éste anhelo mío pueda cumplirse, y ayúdame a hacer el compromiso necesario con ellos.

En el Nombre de Jesús, Amén

Acerca
del
Autor

Acerca del Autor

*D*erek Prince (1915–2003) nació en Bangla Desh, India, de padres británicos que servían en el ejército. Fue educado como un erudito en griego y latín en las universidades de Eton y de Cambridge en Inglaterra, donde presidió una cátedra de Filosofía Antigua y Moderna en el King's College, en Cambridge. También estudió hebreo y arameo en la Universidad de Cambridge y en la Universidad Hebrea en Jerusalén. Como estudiante, era un filósofo y se autoproclamaba como un ateo.

Mientras prestaba su servicio como médico al ejército británico durante la Segunda Guerra mundial, empezó a estudiar la Biblia como un proyecto filosófico, y tuvo un encuentro con Jesucristo que transformó su vida. Tras aquella experiencia llegó a dos conclusiones. Primero, que Jesucristo vive. Y segundo, que la Biblia es un libro verídico, relevante y de actualidad. Dichas conclusiones cambiaron por completo el rumbo de su vida. Desde entonces ha consagrado su vida al estudio y la enseñanza de la Biblia.

Cuando fue dado de alta del ejercito en Jerusalén, en 1945, se casó con Lydia Christensen, fundadora de una casa hogar para niños, ahí en ese mismo lugar. Una vez que se casaron, de inmediato, Derek se convirtió en el padre de las ocho hijas adoptadas por Lydia—seis eran judías, una era palestina, y una, inglesa. Juntos, toda la familia pudo ver el nuevo nacimiento de Israel como estado y nación en 1948. A finales de los años cincuentas, la familia Princess adoptaron otra hija, mientras que él estaba sirviendo como director de un colegio en Kenia.

En 1963 la familia Prince inmigró a los Estados Unidos, y pastorearon una iglesia en Seattle. Conmovidos por la tragedia del asesinato de John F. Kennedy, él comenzó a enseñar a los americanos cómo interceder por su nación. En 1973, él se convirtió en uno de los fundadores de la organización Intercesores por América. Su libro *Shaping History through Prayer and Fasting* (*Conmoviendo a América por Medio del Ayuno y la Oración*) ha despertado a los cristianos alrededor de todo el mundo, para que tomen su responsabilidad de orar por sus gobiernos. Muchos han considerado las traducciones subterráneas y escondidas de este libro como algo instrumental en la caída de los regímenes comunistas de la URSS, Alemania del Este, y de Checoslovaquia.

Lydia Prince murió en 1975, y Derek se casó con Ruth Baker (una madre soltera que había adoptado tres hijos) en 1978. Él conoció a su segunda esposa, de la misma manera que fue con la primera, mientras que Derek servía al Señor en Jerusalén. Ruth murió en Diciembre de 1998, en Jerusalén, donde habían vivido desde 1981.

Pocos años antes de su fallecimiento en 2003, a la edad de ochenta y ocho años, Prince persistió en el ministerio al cual Dios lo llamó, viajando por el mundo, impartiendo la verdad revelada por Dios, orando por los enfermos y por los afligidos, y compartiendo su perspectivas proféticas sobre los eventos del mundo a luz de las Escrituras. El es autor de más de cincuenta libros los cuales han sido traducidos a más de sesenta idiomas y distribuidos mundialmente. El fue uno de los pioneros en enseñanzas vitales tales como las maldiciones generacionales, la importancia bíblica de Israel, y la demonología.

El ministerio de Derek Prince, con sus oficinas internacionales, ubicadas en Charlotte, Carolina del Norte, continúa distribuyendo sus enseñanzas, y entrenando misioneros a través de sus oficinas en todo el mundo. Su programa radial, *Keys to Successful Living* ("Claves para Una Vida Exitosa"), conocido ahora como *Derek Prince Legacy Radio* ("Legado de la Radio de Derek Prince") comenzó en 1979 y ha sido traducido a más de una docena de idiomas. Se ha estimado que las enseñanzas de la Biblia de Derek Prince, las cuales son muy claras, sin denominación alguna, y sin sectarismo, han alcanzado más de la mitad del planeta.

Internacionalmente reconocido como un erudito de la Biblia y un patriarca espiritual, Derek Prince estableció un ministerio de enseñanza que ha abarcado todos los continentes en más de sesenta años. En 2002, él dijo, "Es mi deseo—y creo que es el deseo del Señor—que este ministerio continúe la obra que Dios comenzó a través de mi hace más de sesenta años, hasta que Jesús venga otra vez".

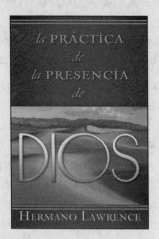

La Práctica de la Presencia de Dios
Hermano Lawrence

El hermano Lawrence fue un hombre humilde que describió el grandísimo secreto de vivir el Reino de Dios aquí en la tierra. El arte de "practicar la presencia de Dios de una manera constante." Él afirmó repetidas veces que es Dios quien se dibuja en lo más recóndito de nuestra alma. Sólo debemos abrir nuestro corazón para recibir a Dios y a su presencia amorosa. Por casi trescientos años, este inigualable clásico ha aportado instrucción y bendición a quienes no se contentan sino con el conocimiento de Dios en toda su majestad y la certeza de su amorosa presencia cada día.

ISBN: 978-0-88368-012-4 • Rústica • 96 páginas

WHITAKER
HOUSE
www.whitakerhouse.com